L'ART RELIGIEUX

A LA FIN DU MOYEN AGE

d'après l'ouvrage de M. Emile **MALE**

PAR

Louis CAILLET

Lauréat de l'Institut, Conservateur de la Bibliothèque de Limoges,
Membre associé de l'Académie de Mâcon et de l'Académie de Vaucluse,
Archiviste-paléographe, Ancien élève diplômé de l'École des Hautes-Études,
Correspondant de l'Académie d'Arras

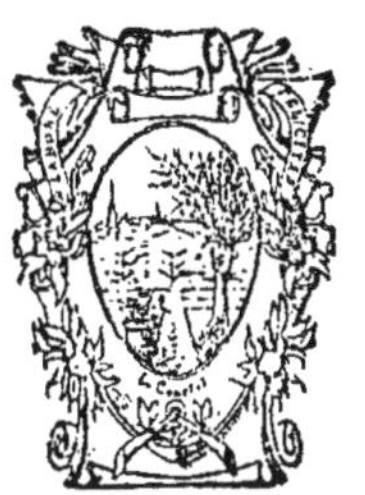

LIMOGES
IMPRIMERIE ET LIBRAIRIE LIMOUSINES
DUCOURTIEUX ET GOUT
7, RUE DES ARÈNES, 7

1912

L'ART RELIGIEUX

A LA FIN DU MOYEN AGE

d'après l'ouvrage de M. Emile MALE

PAR

Louis CAILLET

Lauréat de l'Institut, Conservateur de la Bibliothèque de Limoges,
Membre associé de l'Académie de Mâcon et de l'Académie de Vaucluse,
Archiviste-paléographe, Ancien élève diplômé de l'École des Hautes-Études,
Correspondant de l'Académie d'Arras

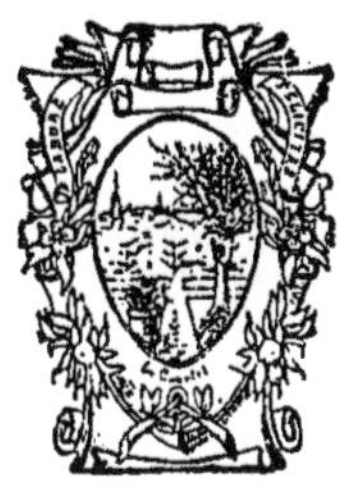

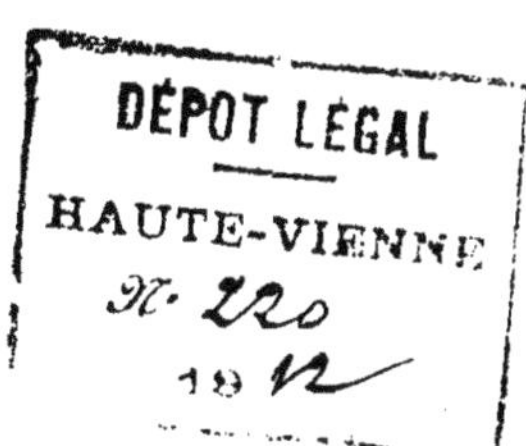

LIMOGES
IMPRIMERIE ET LIBRAIRIE LIMOUSINES
DUCOURTIEUX ET GOUT
7, RUE DES ARÈNES, 7
1912

L'ART RELIGIEUX A LA FIN DU MOYEN AGE

D'après l'ouvrage de M. Émile MALE (1)

Tout le monde se souvient du savant ouvrage consacré par M. Mâle *à l'art religieux du XIIIe siècle.* Depuis le jour où « le premier volume de cette histoire de l'art religieux » fut imprimé, « dix annés se sont écoulées », dit l'éminent professeur de la Sorbonne. « Nos vieux érudits dans leurs préfaces s'excusent de ces longs retards », ajoute-t-il; « ils supposent avec candeur que le lecteur attend impatiemment la suite de leur livre. Je n'ai point cette naïveté » (2). M. Mâle, qui ne se trompe pour ainsi dire jamais, est ici induit en erreur par sa trop grande modestie. La remarque qu'il fait ne s'applique pas aux œuvres du genre de la sienne. Son premier livre a cependant tellement satisfait le lecteur que celui-ci pourrait croire n'avoir plus rien à apprendre. Ce serait une grave erreur, car l'art du XIIIe siècle est tout différent de celui de la fin du Moyen Age. Aux environs de 1350, l'on voit apparaître de grands changements dans la disposition des scènes qui, dans la période comprise entre 1340 et 1380, se transforment complètement. A l'art symbolique du XIIIe siècle, « né de la théologie », succède un art plus réaliste, plus humain, mais non moins mystique, où le pathétique et la tendresse dominent. Souvent au XIVe siècle, on représentait encore, dans la scène de la nativité, l'Enfant Jésus couché sur un autel, près de sa mère étendue sur un lit. Peu à peu, la Vierge se fait caressante. Elle sourit à l'Enfant Jésus qu'elle attire dans ses bras. Puis, se rapprochant davantage encore de la réalité, l'artiste du XVe siècle met cette scène si touchante dans une humble chaumière que traversent les rayons de l'étoile. La Vierge à genoux adore son fils couché à terre, ou placé sur un tas de foin. Près de là, se tient Saint Joseph qui s'incline, une chandelle à la main. C'est alors qu'apparaît dans les représenta-

(1) *L'art religieux de la fin du moyen âge en France. Étude sur l'iconographie du moyen âge et sur ses sources d'inspiration.* — 250 gravures. Paris (Armand Colin). 1908, in-4°. — XII-558 pages.

(2) Page X (fin). Dans ce livre, comme dans le précédent, M. Mâle traite de *l'iconographie* qu'il définit très heureusement « *l'histoire des rapports de l'art avec la pensée chrétienne* ». Cette science est indispensable, car, suivant un mot de l'auteur, pour comprendre les œuvres d'art du moyen âge, il ne sert à rien de « deviner. Il faut savoir » (p. VIII).

tions de la Passion l'image de la Vierge de Pitié. Or, chose curieuse, ces changements sont, pour ainsi dire, européens. On les remarque en France, en Italie, en Flandre.

Ce phénomène est dû à l'influence des Mystères dont les représentations se multiplièrent au XVe siècle. Les artistes qui allaient au théâtre et parfois travaillaient à la décoration de la scène copièrent ce qu'ils voyaient. Attitudes, costumes, détails scéniques, paysages, tout fut reproduit par eux avec une fidélité étonnante. Mais, d'où vient que l'art dramatique exerça une pareille influence alors sur les peintres, les sculpteurs et les verriers ? D'où vient que partout il put inspirer tant d'œuvres pathétiques et touchantes ? C'est que lui-même, à cette époque, venait de se transformer sous l'influence des mystiques franciscains. Les Évangiles canoniques ou apocryphes et la Légende dorée avaient jusqu'alors seuls inspiré les auteurs de nos drames religieux. Désormais, ceux-ci ne se contentent plus des récits renfermés dans ces livres. Ils s'inspirent d'un ouvrage attribué à saint Bonaventure, les *Méditations sur la vie de Jésus-Christ,* qui eut alors une influence extraordinaire, car il parlait au cœur. Ce livre destiné à une humble Clarisse émut la Chrétienté toute entière. En effet, cet ouvrage qu'on croit l'œuvre d'un franciscain du XIIIe siècle, « Joannes de Caulibus », renferme une foule de détails « pittoresques et dramatiques », capables d'inspirer un artiste. Mercadé, qui, vers 1415, composa le Mystère d'Arras; Gréban; Jean Michel, etc., connurent ce livre fameux et lui firent des emprunts. De même, les auteurs étrangers. Pseudo Bonaventure doit d'ailleurs beaucoup luimême à St-Bernard. La dispute des 4 vertus : Justice et Miséricorde, Paix et Vérité, fut empruntée par les auteurs dramatiques au livre des Méditations. De même, la scène de la rencontre de la Sainte Famille avec Saint Jean-Baptiste au retour de l'Égypte, celle des adieux de Jésus à sa mère avant la Passion, une foule de rencontres pathétiques du Christ avec sa mère sur la route du Calvaire, la scène de la Vierge contemplant son fils mort, la scène de Jésus entrant au Paradis après l'Ascension, un grand nombre de détails horribles dans la scène de la Crucifixion, etc. On voit par là l'importance de ce livre qui transforma l'art du XVe siècle par l'intermédiaire du théâtre. Comme presque toujours, ce sont les miniaturistes qui ont montré la voie aux peintres, aux verriers et aux sculpteurs.

C'est eux qui, les premiers, représentèrent le plaidoyer des 4 Vertus au pied du trône de Dieu. On remarque que, dans l'Annonciation, l'Ange se tient désormais debout. Ce détail est emprunté à Pseudo-Bonaventure. Mais toutes les innovations ne sauraient cependant lui être attribuées. Parmi les scènes des Mystères que reproduisent les artistes, il en est plusieurs qui ont été conçues par les auteurs dramatiques.

Ainsi, ces derniers font reparaître les sages-femmes dans la Scène de la Nativité. Ils montrent Saint-Joseph occupé aux soins du ménage, et les bergers discutant entre eux sur les présents à faire au Christ. Une bergère offre un agneau, une autre des fruits. Ces détails furent reproduits par les artistes. Ceux-ci empruntèrent aussi aux Mystères la scène où l'on voit la hideuse Hédroit forgeant les clous du Cru-

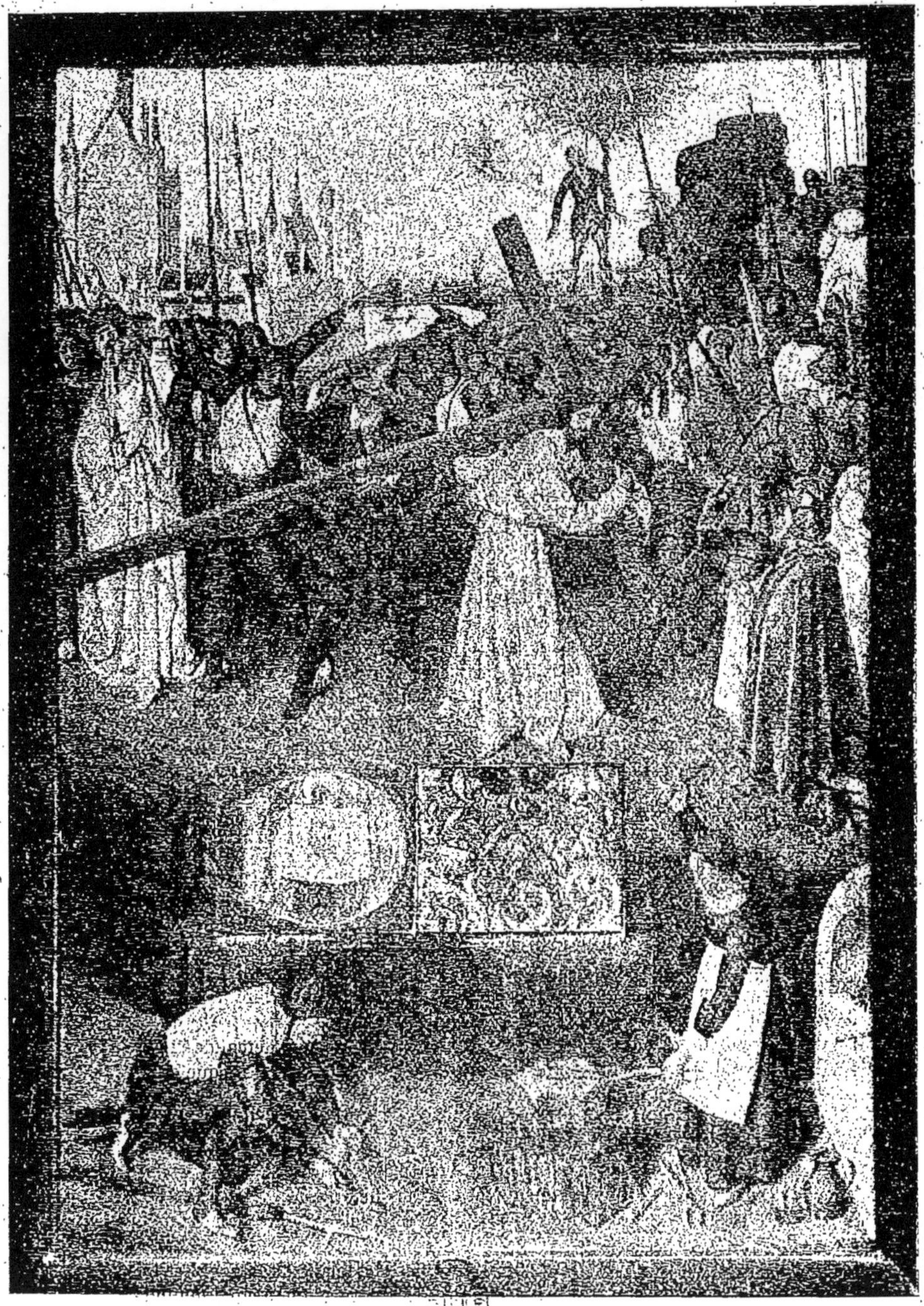

Fig. 1. — Le Portement de la Croix et la vieille femme forgeant les clous. — Miniature de Jean Fouquet. (Chantilly)
(N° 15 de M. Mâle.)

ciflement ou bien guidant Malchus avec sa lanterne (1). C'est à eux aussi qu'ils prirent l'idée de faire suivre le Christ portant sa croix par une foule de personnages, ainsi que la scène des soldats jouant aux dés la tunique du Christ et celle où l'on voit le corps du Christ descendu de la Croix le long d'une échelle. Les artistes vont plus loin encore dans leur imitation du drame liturgique. Ils lui empruntent les costumes des personnages et jusqu'à la couleur de ces costumes. Ce sont, comme il convient, d'amples vêtements chargés de bijoux, aux couleurs éclatantes. Ils sont parfois d'une richesse étonnante. Sur la tête de l'artiste figurant Dieu le Père, on pose la couronne des Empereurs ou la tiare des Papes. Dans les Mystères, le Christ, avant sa Résurrection, était toujours vêtu d'une tunique violette et ensuite d'un manteau écarlate. Il en est de même sur les vitraux. Les costumes des prophètes sont des costumes de théâtre. Depuis la fin du XIVe siècle, St-Michel, au théâtre et dans l'art, est représenté avec un costume de chevalier. Auparavant, il portait une tunique. En Flandre et en Allemagne, conformément à une tradition scénique, Nicodème porte une grande barbe, tandis que Joseph d'Arimathie est rasé. Les décors du théâtre inspirent également les artistes qui empruntèrent aux auteurs dramatiques une foule de détails : la chandelle de St-Joseph (dans la scène de la Nativité); la clôture de la crèche faite de branches entrelacées; le jardin des Oliviers qui ressemble à un « verger rustique de la Touraine ou de la Normandie », avec sa palissade percée d'un portail; la lanterne de Malchus demandée par lui à la vieille Hédroit.

En somme, le grand mérite des Mystères n'est pas dans leur style ou leur versification souvent très pauvres. Il est dans l'émotion qu'ils surent communiquer aux foules et dans leur influence sur les artistes de l'époque : miniaturistes, verriers, peintres, sculpteurs. C'est à tort qu'on a expliqué par le réalisme du génie flamand une révolution due toute entière à celui de la France qui créa l'art du XVe siécle, comme il avait créé celui du XIIIe. Il faut d'ailleurs entendre le XVe, au sens large du mot : la période de l'histoire de l'art que nous étudions commence en réalité avec le règne de Charles VI. Par suite de l'existence de l'Université de Paris, où venaient des étudiants de toute l'Europe, les représentations données à Paris eurent une influence européenne. Cette influence fut d'autant plus considérable qu'en matière d'iconographie les artistes d'alors imitaient plus encore qu'ils ne créaient.

Lorsqu'on étudie les églises du XVe siècle, on se demande si les artistes de ce temps n'ont pas interprété une autre religion que ceux du XIIIe. Autant l'art du siècle de St-Louis respire la bonté, la douceur et l'amour, autant celui du XVe respire la douleur, la tristesse et la mort. Il semble que le secret de la religion ne soit plus d'aimer, mais de souffrir. Sous la double influence des Mystiques et des Mystères, la Passion devient le sujet favori des peintres et des sculpteurs. On raconte que Suso jouait la Passion, tout seul, la nuit, dans le cloî-

(1) Voir fig. 1 (N° 15 de M. Mâle) : le Portement de la Croix et la vieille femme forgeant les clous. — Miniature de Jean Fouquet (Chantilly).

tre de son couvent. Chargé d'une lourde croix, il se rendait du jardin des Oliviers au Calvaire en passant par la maison du grand prêtre et le prétoire que figuraient des piliers différents.

Peut-être, est-ce là l'origine lointaine du chemin de la Croix. On multiplie alors les traités et les hymnes relatifs à la Passion. Après la découverte de l'Imprimerie, on écrit dans toutes les langues des « *Traités*, des *Miroirs*, des *Orologes* » de la Passion.

Les auteurs de ces ouvrages connaissent maints détails que ne révélait pas l'Évangile. Ils savent le nombre de coups reçus par le Christ lors de la Flagellation; — le nombre des épines de la couronne placée sur sa tête; — le nombre de pointes qu'avait chaque épine. Sur le Crucifiement, ils donnent des renseignements qui déchirent l'âme. De même, sur les Scènes qui suivent la Crucifixion.

Une foule de personnes eurent chez elles des diptyques et des triptyques en ivoire consacrés à la Passion. On croit même que ces œuvres là sont les prototypes des splendides rétables flamands qui ornent tant d'églises du XVe siècle. Souvent, on montre le Christ suivi « de papes, de cardinaux, de prêtres, et de laïques » qui, tous, veulent l'aider à porter sa croix. Au XVe siècle, le Christ crucifié n'est plus représenté, comme au XIIIe, la tête appuyée à la croix et les bras horizontaux. Ceux-ci « tendent à la verticale » et le Corps, à peine plus large que la croix, pend le long de celle-ci. Il se dégage de cette scène une impression de douleur infinie. Les artistes reproduisent, en outre, des scènes qu'on ne rencontre pas dans l'art de l'âge précédent. Dans une foule d'églises, nous voyons le Christ assis sur le Calvaire, les bras liés, les jambes entravées, la tête couverte de la couronne d'épines.

Il semble qu'il veuille reprendre des forces avant d'endurer les tourments suprêmes de la Crucifixion. Des preuves irrécusables attestent que c'est là l'image du Christ attendant le moment d'être cloué sur la Croix.

« Tel qu'il est là, il a épuisé la violence, l'ignominie, la bestialité de l'homme ». Il éprouve la plus profonde douleur physique et la plus profonde douleur morale, à la fois. Et, c'est ce qui nous émeut si puissamment dans cette image. Vers le même temps apparaissent « les Christs de Pitié. »

Dans cette scène, on voit le Christ debout, à mi-corps, en partie enfoui dans le tombeau. Il a la tête inclinée du côté droit et les mains croisées sur la poitrine. C'est ainsi que, suivant une croyance très répandue, il s'était montré à St-Grégoire le Grand pendant la Messe. A Ste-Croix de Jérusalem, à Rome, on conservait une copie de la peinture que St-Grégoire, dit-on, avait fait faire après sa vision. Ce tableau, d'origine byzantine, suivant Monsieur Mâle, servit de prototype à ces innombrables Christs de Pitié qui sont disséminés à travers l'Europe. Des indulgences extraordinaires étaient accordées à ceux qui priaient devant cette image (elles allaient jusqu'à 6.000 ans d'abord; plus tard, on parla de 46.000 ans). Aussi, cette scène se multiplie-t-elle : on la voit dans les livres d'Heures, sur les vitraux, sur les rétables, sur les tableaux.

Les Christs de Pitié abondent sur les tombeaux des Italiens, au XIVe siècle. C'est à l'Italie que la France prit cette scène dont elle enrichit sa merveilleuse iconographie. — Il y eut 4 sortes de Christs de Pitié : le Christ seul, le Christ soutenu par deux anges, le Christ soutenu par deux anges et la Vierge, enfin le Christ apparaissant à la Messe de St-Grégoire. Ordinairement, le Christ fait jaillir son sang dans le calice de St-Grégoire qu'on voit entouré de cardinaux et d'évêques. On a vendu dans les foires de France, d'Allemagne et des Pays-Bas une foule de gravures représentant la Messe de St-Grégoire. Très souvent, surtout en France, on reproduit les instruments de la Passion. La Dévotion pour les plaies du Sauveur se développe chaque jour. A celle-ci se rattache une dévotion qui prit bientôt une extension considérable, celle du Saint Sang, en faveur surtout à Bruges. Souvent, on voit dans les images de ce temps une croix qui s'élève d'une grande vasque. Le sang coule des plaies du Sauveur dans ce bassin, et une foule de pêcheurs s'apprêtent à se baigner dans le Précieux Sang. C'est ce qu'on appelle la *Fontaine de Vie.* Tout le monde connaît celle du tableau d'Oporto (Portugal), due à un artiste flamand, peut-être Gérard David, qui la peignit à Bruges.

A Oporto, le Christ est entre la Vierge et St-Jean. Mais à la Trinité de Vendôme, on voit dans un vitrail une Fontaine de vie plus compliquée encore. Adam et Ève sont dans la vasque pour nous rappeler le péché originel. On voit autour de la vasque Saint-Pierre, Saint-Paul et les quatre Évangélistes. Parfois, on voit Ste-Marie-Madeleine et Ste-Marie l'Égyptienne, près de la Croix. Leur présence nous rassure sur la miséricorde divine. La dévotion au Saint Sang fit naître aussi le thème du *Pressoir mystique* dont l'idée vint du rapprochement de deux textes bibliques, celui du Livre des Nombres où il est question de la grappe merveilleuse rapportée de la Terre Promise qui, aux yeux des Pères, symbolise le Christ en Croix, et celui d'Isaïe où il est question de l'homme revenu du Pressoir avec des vêtements rouges. On se mit au XVe siècle à représenter le Christ sous la vis d'un Pressoir, d'où l'on voit son sang jaillir. Le Cabinet des Estampes possède une gravure où l'on a dessiné cette scène, mais les détails qu'elle renferme méritent de nous arrêter un instant. Le sang du Christ est contenu dans un tonneau que promènent le lion de St-Marc, l'aigle de St-Jean, le bœuf de St-Luc, l'ange de St-Mathieu. Les Pères de l'Église mettent le sang du Christ dans des barriques que le Pape et les cardinaux, assistés de l'empereur et d'un roi vêtus en portefaix, descendent dans une cave.

La Passion du Christ n'est pas la seule qui ait occupé les artistes de ce temps. A l'exemple des mystiques, ils décrivent celle de sa Mère. Le XIIIe siècle avait médité sur les joies de la Vierge . Le XVe méditera surtout sur ses douleurs. La Vierge aux Sept Douleurs, qui est parfois aussi dans les images de ce temps la Vierge aux sept glaives, devient un des thèmes favoris des artistes. On peignit, puis on sculpta d'innombrables *Vierges de Pitié.* Il est difficile d'imaginer un groupe plus émouvant que celui de la Vierge contemplant sur ses genoux le corps inanimé de son fils. La désolation de la Vierge paraît inexprimable. Ces œuvres que l'on voit dans les plus humbles églises des campagnes, comme dans les plus grandes cathédrales, ne se ressemblent pas toutes. Tantôt le corps du Christ a à peine les dimensions de celui d'un enfant, tantôt la Vierge penchée sur le corps de son

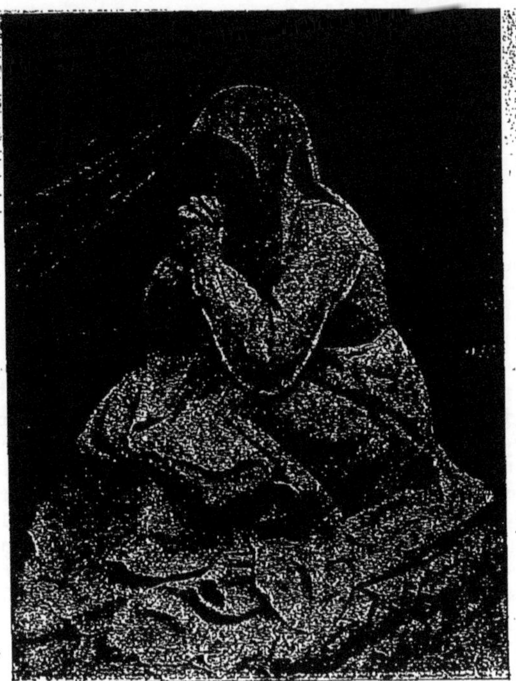

Fig. 2. — La Madeleine assise en avant du tombeau. — Fragment du Saint-Sépulcre de Solesmes

(N° 63 de M. Mâle.)

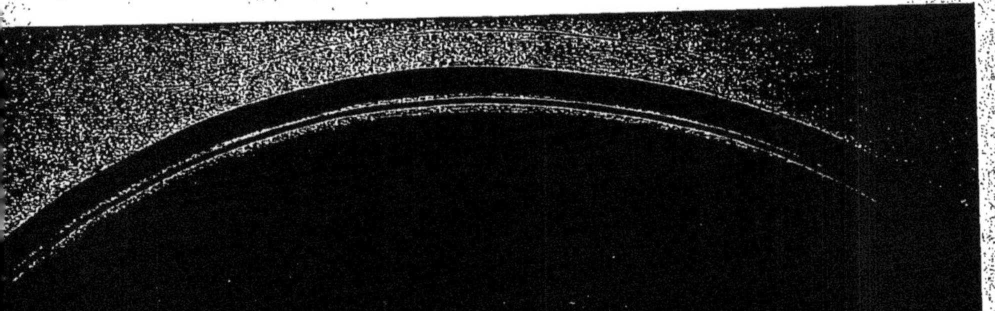

Fig. 3. — Le Saint-Sépulcre de Ligier Richier à Saint-Mihiel (Meuse)

(N° 64 de M. Mâle.)

fils regarde attentivement ses plaies, tantôt encore elle le serre avec force contre sa poitrine. Parfois aussi, la Vierge se contente de prier. On n'a pas encore classé en catégories les Vierges de Pitié, mais Monsieur Mâle a remarqué qu'en Champagne elles mettent la main gauche sur le cœur.

Toutes ces scènes nouvelles inspirées en partie par le théâtre se complètent par celle de la Mise au Tombeau dont les mystères avaient également donné l'idée aux artistes. Celle-ci remplace la scène de l'onction du corps du Christ usitée à l'âge précédent. Au XIVe siècle, on connaissait des églises du Sépulcre, et c'est un sépulcre également que fit, en 1421, représenter à St-Pierre-du-Queyroix de Limoges une dame de cette ville, Paule Audier. C'est la forme pacifique qu'avait prise l'idée de Croisade. On ne connaît pas de Sépulcres à personnages sûrement plus anciens que celui de Tonnerre, élevé en 1453. Mais il n'est pas douteux qu'on en faisait avant cette date. Les costumes des personnages ont été sans aucun doute copiés sur ceux des Mystères. Les Saints Sépulcres n'affectent pas tous les mêmes dispositions. En général, il y a 7 personnages autour du cadavre du Christ, dont deux aux deux extrémités. La Vierge soutenue par St-Jean est au milieu, entre deux Saintes femmes. Ste-Madeleine est près des pieds. Parfois, la Vierge est près de la tête, tandis que la Madeleine et les deux Maries se trouvent près des pieds. Quelquefois, la Madeleine est isolée, seule en avant du Sépulcre (1) : ainsi, celle de Solesmes. Il y a bien d'autres variantes encore. Il arrive qu'on voit deux Anges ou deux soldats portant les Instruments de la Passion. Certains artistes prennent d'ailleurs de grandes libertés avec les traditions. Ainsi, à St-Mihiel, Richier a fait un St-Sépulcre tout différent de ceux-ci. La Madeleine à genoux baise les pieds du Christ que tiennent les deux vieillards (2). Les artistes ont fait à ce moment des œuvres admirables, si bien que Monsieur Mâle déclare que « le mot de Renaissance appliqué à l'art français n'offre aucun sens (3) ». Mais la Passion du Christ et la Passion de la Vierge ne suffisaient point à ces sculptures et à ces peintres épris de pathétique. Ils imaginèrent encore une Passion du Père. Celui-ci porte son fils que la Vierge contemple avec amour.

« Pendant que les scènes de la Passion de Jésus Christ excitaient la pitié jusqu'à son paroxysme, les scènes de son Enfance éveillaient une tendresse inconnue. » Saint François d'Assise et ses disciples ont exalté ces deux sentiments et c'est à leur enseignement qu'il faut attribuer les innovations qu'on remarque peu à peu dans la façon de représenter la Vierge et l'Enfant Jésus.

Au XIIIe siècle, la Vierge assise sur un trône « tient sur ses genoux Jésus qui a la majesté et la gravité de sa mère ». C'est ainsi que l'a sculptée l'artiste qui a décoré le portail Sainte Anne, à Notre-Dame de Paris. La Vierge dorée d'Amiens, de la fin du XIIIe siècle, est bien plus gra-

(1) Voir fig. 2 (No 63 de M. Mâle), la Madeleine assise en avant du tombeau. — Fragment du Saint-Sépulcre de Solesmes.

(2) Voir fig. 3 (No 64 de M. Mâle), le Saint-Sépulcre de Ligier Richier, à Saint-Mihiel (Meuse).

(3) Voir page 138, l. 8-9.

cieuse. Il en est de même d'une foule de statuettes d'ivoire du même temps. L'Enfant sourit à sa mère qui lui répond.

Au XIVe siècle, ce groupe est traité avec un charme plus grand encore. Le Louvre conserve une Vierge d'argent, de 1329, dite Vierge de Jeanne d'Évreux, qui mérite de retenir notre attention.

L'enfant Jésus met son petit doigt sur la bouche de sa mère, qui lui enveloppe une moitié du corps d'un pan de son manteau pour l'empêcher d'être tout à fait nu (1). Nous sommes loin du *pallium* qui, au XIIe siècle, recouvrait l'Enfant Jésus et même de la robe qu'il portait au XIIIe. Peu à peu, les artistes s'enhardissent. L'Enfant Jésus du Bréviaire de Belleville (exécuté en 1345) cherche le sein de sa mère qu'on devine plus qu'on ne voit. Mais on ne tarde pas à nous montrer celui-ci complètement. A St-Urbain de Troyes, l'Enfant Jésus s'amuse avec un gros raisin.

Il n'est pas douteux que les *Méditations sur la vie de Jésus-Christ* ne soient pour beaucoup dans ce débordement de tendresse.

Cette œuvre franciscaine inspira une foule de sermons qui, peu à peu, influèrent sur la façon de sentir des artistes. Les miniatures des Livres d'Heures abondent aussi en détails à la fois familiers et touchants. Dans beaucoup, on voit les Anges qui aident la Vierge à faire l'éducation de son fils. Ils lui apprennent notamment à marcher. Les scènes de la Nativité qu'on y rencontre sont pleines de détails naïfs et pittoresques. L'une nous montre un chat qui « se chauffe près de la marmite »; dans une autre, on voit la Vierge tremper le doigt dans l'eau du cuvier pour s'assurer si elle est assez chaude. Dans une troisième, l'Enfant Jésus passe sa petite main sur le museau du bœuf. En Allemagne, certaines gravures représentent l'Enfant Jésus sur un cheval de bois. Tant de familiarité eût scandalisé les maîtres du XIIIe siècle.

Le culte des Saints avait une grande importance au XIIIe siècle. Il fut plus répandu peut-être au XVe. « On dirait qu'ils ne furent jamais plus aimés qu'à la veille du jour où la moitié du monde chrétien allait renier ses vieilles amitiés ». Partout, on les représente, dans les églises, sur les remparts de la cité, à la façade des maisons, sur les enseignes des boutiques : c'est qu'ils sont une protection. Dans le Centre, on vendait aux enchères la statue du patron de l'église. Le plus offrant l'emportait chez lui quelques heures.

Au lieu d'être vêtus de ces tuniques qui sont de tous les temps et de tous les pays, les Saints du XVe siècle ont le costume de l'époque et de leur profession, lorsqu'il se trouve qu'ils en avaient une. St-Joseph avec sa rose au bonnet et sa grande hache est vraiment un charpentier. Français par le costume, les Saints le sont encore par la physionomie. Nos saintes n'ont pas cette beauté éternelle que rêvent les Italiens. « Comme nos jeunes paysannes », « elles ne fleurissent qu'un instant ».

Quels saints a-t-on représentés de préférence ? Tout d'abord et c'était naturel, chacun a essayé de faire don à son église d'une verrière

(1) Voir Fig. 4 (N° 70 de M. Mâle), la Vierge et l'Enfant. — Statuette en argent donnée par Jeanne d'Évreux à la chapelle de St-Denis (Musée du Louvre).

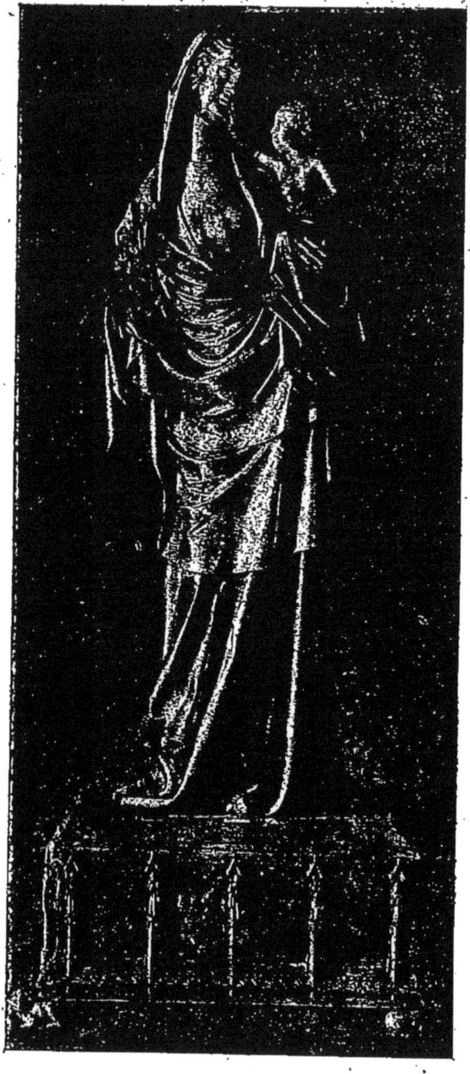

Fig. 4. — La Vierge et l'Enfant. — Statuette en argent donnée par Jeanne d'Évreux à la chapelle de Saint-Denis. (Musée du Louvre.)

(N° 70 de M. Mâle.)

où l'on vit son patron. De simples laboureurs eurent cette idée. Presque toujours, le nom du donateur est inscrit au dessous. Souvent aussi celui-ci s'est fait peindre à genoux, implorant la Vierge à qui son patron le présente. Un vitrail détruit de Beauvais nous montrait St-Laurent implorant la Vierge pour un de ses protégés. La Vierge à son tour, implorait son fils qui suppliait Dieu le Père. Quelquefois le Saint dont on voit l'image n'est pas le patron du donateur, mais le protecteur d'un ordre auquel il appartenait, l'ordre de Saint-Michel, par exemple. St-Jérôme devint le protecteur de tous les hommes d'église. Parfois, des évêques ont fait peindre les saints protecteurs du diocèse qu'ils administraient. Ainsi a fait à Ambierle, près de Roanne, l'évêque de Valence et de Die, Antoine de Balzac d'Entragues. Par là s'explique la présence dans cette église de St-Apollinaire, de St-Achillée, de St-Fortunat, de St-Ferréol et de St-Julien. Il arrivait qu'une famille comptât un saint parmi ses ancêtres; celui-ci était naturellement le protecteur de toute cette famille. De là, le culte de la famille de Bourbon pour St-Louis.

Les Confréries avaient aussi leurs patrons. Elles avaient même parfois leurs chapelles. Mais toutes avaient au moins une chapelle dans une église. Ces confréries, d'une sévérité étonnante, naissaient toutes seules. Elles remplissaient la ville de leurs processions. Les charités normandes ont été de beaucoup les plus étudiées. A côté des confréries pieuses, il y avait les Confréries militaires(d'archers, d'arbalètriers, d'arquebusiers). Ste-Barbe veillait sur les arquebusiers; St-Laurent sur les archers. Les « serments » du Nord ont joué un grand rôle dans la lutte contre les Anglais. Enfin, tout le monde connaît l'importance des confréries de métiers et les innombrables œuvres d'art dues à leur générosité. Malheureusement, celle-ci ont été presque entièrement anéanties. Généralement, au bas des vitraux qui nous ont été conservés, nous voyons se dérouler la procession des confrères qui ont donné le vitrail.

Si nous connaissions mieux les statuts des confréries, nous nous expliquerions souvent la présence de certains saints qu'on s'étonne de voir représentés les uns à côté des autres dans une église. Les fêtes données par les confrères, les pièces jouées par eux inspirèrent les artistes qui travaillaient pour leur compte.

Les confréries militaires et les confréries de métiers avaient leurs saints (les rôtisseurs honoraient saint Laurent, les cordonniers saint Crépin et saint Crépinien, les bouchers saint Eutrope, les boulangers saint Honoré, les maréchaux saint Éloi). Les confréries religieuses avaient à cet égard plus de liberté, mais néanmoins il y avait des saints qu'elles représentaient de préférence. Ces saints privilégiés étaient ceux qui protégeaient contre les fléaux les plus redoutés : la mort subite si effrayante alors, la peste, l'incendie, etc. Plusieurs saints peuvent préserver l'homme de la mort subite, notamment saint Christophe, dont l'image se voyait fréquemment aux portes des églises, et sainte Barbe, dont les protégés ne mouraient pas avant d'avoir reçu le saint Viatique. Cette sainte détournait la foudre de l'homme et empêchait les arquebuses d'éclater. De là, l'affection des confréries militaires pour elles. La peste faisait alors d'énormes ravages. Plusieurs saints étaient invoqués contre elle : saint Sébastien, saint Adrien (dans le nord et l'est); saint Antoine (dans le Midi).

On sait la vogue qu'eut le pèlerinage de saint Antoine en Viennois, lors des grandes pestes. Des empereurs y vinrent. Louis XI, de son côté, ne manqua pas d'aller rendre ses devoirs à un saint qui faisait « reculer la mort ». Mais le saint le plus invoqué, à la fin du moyen âge contre la peste, fut, sans contredit, saint Roch.

Ce saint originaire de Montpellier où il mourut en prison avait soigné les pestiférés en Italie et avait été nourri dans les bois par un chien : ainsi s'explique la présence d'un chien à ses côtés (1).

Certaines confréries choisirent pour patrons des saints qui pussent être des modèles. Saint Côme et saint Damien, qui soignaient les malades pour rien, étaient les patrons des médecins; saint Yves était celui des avocats. Parfois, on inventait des légendes pour établir des rapports entre certains saints et les métiers qu'ils protégeaient.

On supposa que saint Honoré avait été boulanger, que saint Éloi avait été maréchal-ferrant, etc. Parmi les saints les plus vénérés des confréries, nous citerons encore saint Nicolas, saint Martin, sainte Catherine, qui était restée toujours belle et que l'aînée de la confrérie coiffait d'un voile, le 25 novembre (2). Sainte Anne était la patronne des mères de famille.

Mais tous ces saints s'effacent devant la sainte Vierge. Plus loin, nous parlerons des Vierges de Pitié, mais, au XVe siècle, la Vierge est le centre de compositions multiples dont il convient de parler ici. « Notre Dame de Consolation » fut très souvent représentée par les artistes. Dans cette image, on voit la Vierge écarter son manteau sur une foule de fidèles agenouillés. Il semble qu'au début, les Cisterciens aient été seuls au pied de Marie. On croyait, en effet, qu'elle s'était montrée ainsi à un moine. Les Dominicains prétendirent que la vision avait eu lieu chez eux. Puis aux moines succéda l'église militante : d'un côté, le clergé ayant à sa tête le pape; de l'autre, les fidèles conduits par l'Empereur. Cette incomparable protectrice fut invoquée contre la peste. Le miracle de Théophile popularisé par les Mystères tint aussi une grande place dans l'art de cette époque. Les Pèlerinages du Puy, de Chartres, de Boulogne furent toujours très fréquentés, mais, à partir du XVIe siècle, ils furent un peu délaissés pour celui de Lorette. C'est surtout à partir de 1472 que ce nouveau pèlerinage devint célèbre en Italie.

Les chrétiens qui ne songeaient plus à délivrer la terre sainte étaient tout heureux de pouvoir contempler si près la Maison de la Vierge qu'on disait avoir été transportée par des anges .

Beaucoup d'œuvres d'art furent consacrées en France à ce miracle. Des milliers de proses, d'hymnes et de poèmes furent alors composés en l'honneur de la Vierge. Les ordres religieux lui vouèrent un culte sans cesse grandissant. Le vassal offrait à son suzerain un chapeau de roses. Le chrétien offrit à sa reine du ciel la « couronne de prières » du rosaire, imaginée en 1470 par le dominicain Alain de La Roche, après

(1) M. Mâle croit que le mot roquet dérive de Roch (v. p. 201, n. 2.)

(2) De là, l'expression « coiffer sainte Catherine ».

une vision (1). Suso ne lui avait il pas déjà auparavant offert une couronne de roses ? — Dans le rosaire, il y avait 3 sortes de roses : les roses blanches symbolisaient les mystères joyeux, les roses rouges les mystères douloureux et les roses d'or les mystères glorieux. En quelques années, le nombre des confréries devint prodigieux. Le dogme de l'Immaculée Conception, au XIe siècle, avait été très en faveur en Normandie et en Angleterre. Guillaume le Conquérant passait pour avoir fait célébrer la première messe de la Conception. Dès 1140, Lyon célébrait la fête de l'Immaculée Conception. Mais, au XVe siècle, cette vieille idée occupa l'église d'une façon prodigieuse. Les Conciles l'encouragent, les papes l'approuvent, la Sorbonne la regarde comme un dogme. Tout le monde connaît le célèbre tableau de Jean Bellegambe exécuté après 1521. Souvent, on représente la Vierge à mi-corps qui sort d'un croissant de lune, et « rayonne comme le soleil. » C'est la Vierge au Croissant qui symbolise l'Immaculée Conception.

On la représente aussi au milieu des astres, ayant la lune sous les pieds et les étoiles au-dessus de la tête. Parfois, s'inspirant du Cantique des Cantiques, on montre la Vierge ayant auprès d'elle « le jardin fermé, la tour de David, le lys des vallées, la fontaine, etc. » D'autres fois, on la représente portant le Christ en croix. A partir de 1505, on voit une foule d'images de l'Immaculée Conception dans les livres d'heures et dans les tableaux.

L'arbre de Jessé fut souvent regardé comme un symbole de l'Immaculée Conception. Souvent aussi, au XVe siècle, on voit des images de sainte Anne « d'où s'élance un tronc qui se divise en plusieurs branches, portant « ses 3 filles et ses 7 petits-fils » On la représentait même avec ses 3 époux. Mais la légende des 3 maris de sainte Anne fut bientôt condamnée. Elle était trop en désaccord avec les idées régnantes. Ce culte de l'Immaculée Conception, à la veille de la Réforme, est à noter. « Le Moyen âge peut mourir; il a donné sa suprême révélation. »

Les artistes du XVe siècle qui ont tant innové n'ont pas oublié les idées anciennes; mais, malgré leur effort visible pour s'inspirer des miniatures et des croyances de l'âge précédent, il est clair qu'alors le génie symbolique va s'affaiblissant. Sans doute, on continue à orienter les église de l'est à l'ouest, à réserver aux personnages de l'ancienne Loi la froide région du nord, alors que l'on place dans celle du sud ceux de la nouvelle. On continue aussi à opposer les Apôtres aux Prophètes, mais nous voyons des oppositions inconnues de l'âge précédent. Ainsi, on oppose les quatre évangélistes, non plus aux quatre grands prophètes, mais aux quatre Pères de l'église latine : « saint Augustin, saint Jérôme, saint Ambroise, saint Grégoire le Grand ». Saint Jérôme et saint Marc, qui avaient le lion pour attribut, sont toujours opposés l'un à l'autre. On veut dire, par là, que les quatre évangélistes ont quatre grands commentateurs. Mais on n'oublie pas non plus que l'ancien testament est le symbole du nouveau. On oppose toujours les scènes de la Bible à celles de l'Évangile; seulement, les artistes de ce temps copient servilement des œuvres qui remontent au XIIIe

(1) Voir *Analecta Bollandiana*, de 1899, p. 290 et *Revue du clergé français*, de 1901 (décembre).

siècle. Les plus grandes œuvres, telles les admirables tapisseries de la Chaise-Dieu ou de Reims, sont « ordonnées d'après deux recueils symboliques, dont l'un, la *Bible des Pauvres*, remonte au XIIIe siècle, peut-être même au XIIe, et dont l'autre, le *Speculum humanæ Salvationis*, est du début du XIVe. » La bible des Pauvres est un « recueil d'images » consacrées presque toutes à l'Enfance et à la Passion du Sauveur. En regard de chaque scène consacrée au Christ, on voit deux scènes de l'Ancien Testament qui la font pressentir. Un texte très sobre donne les explications indispensables.

Les plus anciens manuscrits que l'on connaisse ont été trouvés en Allemagne ou en Autriche, mais M. Mâle pense que la 1re *édition xylographique* de la Bible des pauvres a paru, non en Allemagne, en Flandre ou en Hollande, mais en France.

Tous les artistes eurent bientôt dans leur atelier une édition *xylographique* ou une édition imprimée de ce recueil célèbre. Le *speculum humanæ salvationis*, composé, dit-on, en 1324, contient aussi des images, mais le texte y occupe une très grande place. A partir de 1470-1480, les Bibles des Pauvres s'enrichirent de 10 planches empruntées au Speculum. Elles en eurent ainsi 60 au lieu de 50. Dans le Speculum, chaque scène du nouveau testament est opposée à 4 scènes de l'ancien. Les miniatures des *Très Belles heures du duc de Berry* qui disparurent dans l'incendie de la Bibliothèque de Turin, en 1904, furent inspirées par les images du Speculum. Tous les artistes eurent un Speculum. Van Eyck lui-même ne fait pas exception à la règle. C'est au Speculum qu'il a emprunté la scène nouvelle de la vision de l'*Ara cœli*, et Roger Van der Weyden s'en inspire aussi.

Dans les *Tapisseries de la Chaise-Dieu*, conçues à la fin du XVe siècle, on voit 14 scènes inspirées de la Bible des Pauvres. Les 7 autres s'en inspirent également, mais il y a des variantes et des combinaisons avec les scènes du Speculum. Les 8 dernières dérivent du Speculum.

Les *Tapisseries de Reims* consacrées à la vie de la Vierge datent de 1509-1530. Huit d'entre elles sont des reproductions d'images empruntées, soit à la Bible des Pauvres, soit au Speculum. Les célèbres verrières du chœur de la Sainte Chapelle de Vic-le-Comte qui sont du XVIe siècle furent inspirées aussi par la Bible des Pauvres. Mais, à cause du manque de place, l'artiste s'est contenté de mettre une seule scène de l'Ancien Testament en pendant de chaque scène du nouveau. Les émailleurs de Limoges, les sculpteurs sur bois de la Flandre firent des emprunts à ce livre célèbre. Enfin, les marges des *Livres d'Heures* furent décorées d'images inspirées par le même ouvrage. Les artistes firent preuve toutefois d'une grande originalité dans l'arrangement des détails.

Les peintres et les sculpteurs s'inspirent, de même, des grandes traditions du XIIIe siècle. Eux aussi, ils opposent les Apôtres aux Prophètes, mais là ils innovent. Prophètes et Apôtres tiennent des banderolles sur lesquelles on lit des versets de l'Ancien Testament et des articles du Credo; versets et articles se correspondent. Chaque apôtre montre le texte d'un article du Symbole, et cet article est toujours le même. Bien que les auteurs sacrés ne s'entendissent pas à ce sujet, les artistes s'inspirèrent tous pour ainsi dire d'un sermon attribué à saint Augustin où l'on enseignait quelles paroles du Crédo avait prononcées chaque Apôtre. A la Sainte chapelle de Riom, on avait suivi la tradition, mais « de malheureuses restaurations ont bouleversé l'ordre des personnages. »

Nos artistes toutefois ont « inventé », eux « aussi ». « Ce sont les hommes du XVe siècle qui les premiers ont compris l'antiquité ». « Ils sentirent la beauté de l'art des anciens » et « entrevirent la profondeur de leur pensée ». Mais on s'inquiétait en songeant que des hommes ignorant la loi de Dieu avaient pu être parfois des héros, écrire des poèmes ou imaginer des œuvres d'art qui sont des chefs-d'œuvre. Pour dissiper ce malaise, on imagina que Dieu avait révélé aux païens les mystères du Nouveau Testament par l'intermédiaire des Sibylles. C'est en Italie que les artistes représentèrent pour la première fois les Sibylles prophétisant la venue du Sauveur. La scène où l'on voit la Sibylle de Tibur montrant l'enfant Jésus et la Vierge à l'Empereur Auguste est connue de tous : c'est à l'endroit où aurait eu lieu cette vision qu'on construisit plus tard l'église de l'*Ara cœli*. La Sibylle Érythrée qui prophétisa le jugement dernier eut aussi les faveurs des imagiers. A Ulm (1469-1474), aux stalles, on en représenta neuf. Mais on ne se contenta pas de peindre et de sculpter les Sibylles; à l'exemple de Philippo Barbieri, l'auteur des *Discordantiœ nonnullœ inter Sanctum Hieronymum et Augustinum*, on les opposa aux prophètes. Naturellement, on mit 12 sibylles, puisqu'il y avait 12 prophètes. Les paroles prononcées par elles ne sont pas empruntées aux *Oracula Sibyllina* des juifs d'Alexandrie du IIe siècle dont s'inspira Lactance; on ne sait encore où Philippo Barbieri a pris les paroles qu'il leur prête. Michel-Ange, comme on sait, opposa lui aussi les Sibylles et les Prophètes, et on est sûr qu'il connut le livre de Barbieri. En France, on connut l'ouvrage de Lactance et celui de Barbieri qu'on combina parfois. Nos Sibylles françaises diffèrent d'ailleurs beaucoup des Sibylles italiennes. Elles ne « parlent pas seulement de la naissance surnaturelle du Fils de Dieu; elles parlent encore de son enfance, de ses souffrances, de sa mort et de sa résurrection ». On les rencontre dans le livre d'heures de Louis de Laval enluminé avant 1489. Elles sont représentées dans un certain ordre. Parfois, on associe les Sibylles aux apôtres et aux Prophètes. A chaque Sibylle, on oppose un Apôtre et un prophète tenant une banderolle dont le texte confirme l'oracle de la Sibylle. Les verriers de la cathédrale d'Auch qui ont raconté l'histoire du Monde ont fait une place aux Sibylles.

C'est au XVe siècle aussi qu'à l'exemple des Italiens on se mit à concevoir « l'histoire de la Cité de Dieu comme une marche triomphale » Le XIIIe siècle avait surtout admiré les saints. Le XVe se passionna pour les héros. Pas de grands hommes désormais, sans gloire et sans éclat. L'image des triomphateurs romains hante l'esprit des artistes. Plusieurs triomphes furent alors représentés en Italie. En France même, on voit le triomphe de César dans les Heures de Simon Vostre. Le Christ, à son tour, fut représenté comme un héros victorieux. L'Italie qui fit cette innovation s'inspira du livre fameux de Savonarole, *Triumphus crucis*. On voit le Christ sur un char qui s'avance précédé des prophètes et des hommes célèbres de l'Ancienne Loi. Tout autour, on voit les Apôtres; derrière, marchent les martyrs et les docteurs.

La gravure de Botticelli qui reproduit cette scène inspira le Titien dont l'œuvre fut copiée en Allemagne et en France, à Brou, notamment. Nos artistes conçurent souvent cette scène d'une façon plus large. Dans un célèbre vitrail de Rouen, consacré au triomphe du Christ, on voit l'écrasement de la Mort que représente un squelette. Souvent aussi, nous voyons la scène du Triomphe de la Vierge donnée déjà par Geoffroy Tory, dans un de ses livres d'heures.

Devant le char qui la porte, on aperçoit les 7 Vertus, les 7 Arts libéraux et les 9 muses sous les traits de jeunes femmes. Ce triomphe fut souvent représenté au XVIe siècle à cause des attaques des Calvinistes. On le voit à Conches, à Saint-Vincent de Rouen où se déroule aussi l'histoire de la chute et celle de la Rédemption. On y remarque le Triomphe d'Adam et d'Ève, puis celui du Péché et enfin celui de la Vierge. L'histoire du Monde n'est qu'une suite de Triomphes.

L'Église qui se servit de l'Art pour faire connaître à l'homme les principaux dogmes de la Foi, s'en servit aussi pour lui enseigner son devoir (1). A la rigueur, elle eût pu s'en dispenser; le livre xylographique et le livre imprimé qui apparaissent alors se prêtaient mieux encore que les pierres des églises à l'enseignement de la morale. De fait, ils remplacèrent peu à peu ce livre de pierre qu'est chacune de nos cathédrales. Comme on l'a dit, « le soleil gothique se couche derrière la gigantesque presse de Mayence ». Mais de pareilles révolutions ne se font pas en un jour. Au XVe et au XVIe siècle, l'Église continua, quoique d'une façon différente, à moraliser l'homme par ses fresques, ses vitraux et ses sculptures. Et d'abord, quelle place l'homme occupe-t-il dans le monde ?

Au début du XVIe siècle, on croyait que les planètes tournaient autour de la terre. C'est en vain que, dès 1543, Copernic s'attaque à cette erreur. En 1560, encore, on réédite le *Calendrier des Bergers* où s'étale l'ancienne croyance. Christophe Colomb a beau découvrir le Nouveau Monde et Amerigo Vespucci, le distinguer définitivement de l'Ancien, on représente toujours sur les globes terrestres trois parties du monde et non quatre ou cinq. « Si la vraie science n'entra pas dans l'art religieux du moyen âge, la fausse, en revanche, y fut reçue avec complaisance ». L'astrologie jouit au XVe siècle d'une vogue dont nous avons peine à nous faire une idée. L'homme étant le centre du monde et tout se tenant dans la nature, on crut que des liens mystérieux l'unissaient aux planètes. « Mars agissait sur le foie, Saturne sur le poumon, le soleil sur l'estomac. » Sur les images, on représentait par des traits cette secrète attraction. On savait aussi « sous quelles conjonctions sidérales », il fallait saigner le « colérique, le flegmatique, le mélancolique, le sanguin ».

En outre, suivant qu'un homme naissait sous le règne de telle ou ou telle planète, il devait aimer les arts et les sciences ou s'adonner au plaisir. Mercure inspire les poètes, les astronomes et les artistes; Vénus, au contraire, a une influence détestable. Les Papes et les Italiens aimaient beaucoup les peintures astrologiques. Les gens du XVe siècle ne sont cependant pas fatalistes. Ils croient à la liberté de l'homme comme à sa faiblesse. Malheureusement, la vie est courte

(1) De là, la division du livre en deux parties : *Art historique, Art didactique.*

et il s'agit de bien l'employer. L'homme ne vit guère plus de 72 ans; sa vie se décompose ainsi en 12 périodes de 6 ans correspondant chacune à un mois de l'année. C'est en avril, à 24 ans, que le jeune homme « devient amoureux; en même temps que l'amour, la noblesse et la vertu entrent dans son âme » A 60 ans, l'homme ne peut plus travailler. Encore, doit-on noter qu'il dort 36 ans sur 72; que la jeunesse prend 15 ans; les maladies et les prisons (la vie est peu sûre alors) 5 autres années. Il lui reste donc en tout 16 ans. Des poèmes furent composés d'après ce thème qui inspira aussi les miniaturistes et les auteurs des Livres d'Heures imprimés par Kerver. A chaque mois est consacrée une petite scène qui caractérise un des âges de la vie. Ces sortes de calendriers inspirent surtout à l'homme la sagesse et le goût de l'économie.

C'est dans les livres principalement que l'Église d'alors enseigne les Vertus, qui supposent la délicatesse de la conscience. Elle publie d'innombrables « Miroirs de l'âme pécheresse »; des « Destructions des Vices; les Fleurs de la Somme évangélique; les Jardins de dévotion; les Poèmes sur les quatre vertus; les Remèdes convenables pour bien vivre; les Examens de conscience; les Doctrines pour les simples gens; l'Art de gouverner le corps et l'âme. » Ces curieux ouvrages nous ont formés, comme l'observe M. Mâle, en inspirant à nos ancêtres le scrupule. « Si l'on veut savoir d'où viennent les milles nuances de la conscience moderne, il faut remonter jusqu'à ces vieux livres ».

Ces ouvrages enseignent aussi la politesse; ils donnent même aux femmes des conseils pour leur toilette. Mais, ainsi que nous l'avons dit, l'Église continua à moraliser l'homme par l'art. Comme à l'âge précédent, elle lui mit sous les yeux l'image des Vertus et des Vices et des combats qu'ils se livrent entre eux. Mais les Vertus du XVe siècle diffèrent beaucoup de celles du XIIIe et les Vices sont représentés à cette époque plus fréquemment que les Vertus. C'est surtout par la peinture du vice que l'Église songe à ramener l'homme au bien. Dès le temps de Charles VI, on remarque des innovations dans la façon de représenter les Vertus. Celles-ci sont au nombre de sept : trois vertus théologales : la Foi, l'Espérance et la Charité; quatre vertus cardinales : la Force, la Justice, la Prudence et la Tempérance. En outre, leurs attributs sont d'une complication extrême; le symbolisme ici s'est donné libre jeu. C'est dans un manuscrit d'Aristote enluminé à Rouen pour les échevins de la ville que nous trouvons pour la 1re fois ces curieuses figures qui eurent un si grand succès en France et même en Espagne. Ce manuscrit doit être à peu près contemporain d'un manuscrit enluminé vers 1470 pour le duc de Nemours, où l'on voit les vertus cardinales. Dans le manuscrit de Rouen, la Foi porte sur la tête une petite église, l'Espérance un petit navire, la Charité un Pélican qui nourrit ses petits de son sang. Les attributs de la Foi et de la Charité sont très clairs; celui de l'Espérance aussi; le navire qui rentre au port est l'image du chrétien qui pense à aller au ciel. Il n'en est pas de même de ceux des Vertus cardinales. La Tempérance a une horloge sur la tête ; ses longs souliers à la poulaine sont appuyés sur les ailes d'un moulin à vent et sont armés d'éperons. De la main droite, elle tient une paire de lunettes; de plus, elle a un mors dans la bouche. Au premier abord, on ne comprend pas. La justice a

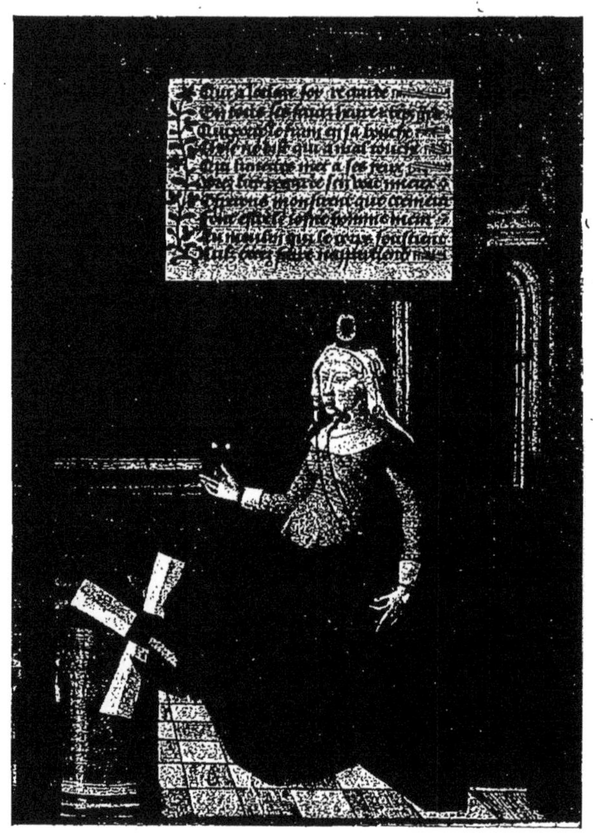

Fig. 5. — La Tempérance. — Miniature d'un manuscrit de Jacques d'Armagnac, duc de Nemours. — Bibl. nation. française, 9186.

(N° 155 de M. Mâle).

une balance et deux épées, dont l'une paraît tomber du ciel sur sa main. Elle est assise sur une sorte de lit que surmonte un oreiller (1). La Prudence porte sur la tête un cercueil; de la main droite, elle tient un miroir et de la main gauche, un crible. Les pieds sont posés sur un sac d'où sortent des pièces d'or; son bras est orné d'un bouclier décoré des emblèmes de la Passion. Enfin, la Force debout sur un pressoir et portant une enclume sur le dos, enlève un dragon d'une tour, tout en ayant l'air de sommeiller. Les vers placés par le poète au-dessus de chacune de ces scènes dans le manuscrit des Mémoires du duc nous en donnent la clef. L'Horloge de la Tempérance symbolise « le rythme harmonieux qui doit régler la vie du sage. » Le Moulin à Vent est l'image dn travail régulier; les éperons que chausse le chevalier à l'âge de sa maturité sont naturellement un des emblèmes de la Tempérance qui ne regarde pas à la légère, mais avec des lunettes pour ne pas être trompé par le brouillard, et qui, en outre, se met un frein dans la bouche. Les deux épées de la Justice symbolisent, l'une la Justice humaine, l'autre la Justice divine qui réformera celle de l'homme. L'oreiller représente la miséricorde qui doit tempérer la rigueur des arrêts de la Justice préparés dans le calme et le repos auxquels fait songer le lit. La Prudence qui apprend à se connaître au moyen du miroir discerne la vérité de l'erreur, en passant tout au crible. Elle foule aux pieds les biens de ce monde, car elle pense à la Passion du Sauveur et à la vie immortelle qui suivra la mort. Le dragon qui enlève la Force de la Tour symbolise le péché.

Mais le pays qui, au XVe siècle, a le plus souvent représenté les Vertus, c'est l'Italie. En Italie, pas de beau tombeau sans vertus; c'est de ce pays que vint au XVIe siècle l'habitude d'en placer aussi en France autour des monuments funéraires (2). Mais les Italiens, au lieu de compliquer les attributs des Vertus françaises du XIIIe siècle, s'appliquèrent, au contraire à les alléger. Il y eut, il est vrai, des variantes. La Foi porte un calice et une croix. L'Espérance est une femme ailée qui lève les mains au ciel et parfois saisit une couronne. La Charité allaite des enfants qu'elle recueille et réchauffe. La Tempérance verse de l'eau dans du vin. La Force tient dans les bras la colonne de Samson et l'ébranle. Seule, la Prudence est représentée d'une façon bizarre. On lui donne d'abord trois visages, pour montrer qu'elle doit songer au Passé, au Présent et à l'Avenir. On se contente ensuite de lui en donner deux : d'un côté, elle est jeune; de l'autre, vieille. Cela veut dire que le jeune homme prudent a la sagesse du vieillard. La Justice a une épée et une balance. Les artistes italiens qui vinrent travailler en France au XVIe siècle y mirent à la mode les Vertus italiennes. Le 1er tombeau où on les représenta fut le tom-

(1) Voir fig. 5, n° 155 de M. Mâle, la Tempérance. — Miniature d'un manuscrit de Jacques d'Armagnac, duc de Nemours. Bibl. nation. franç., 9186.

(2) En Italie, il est vrai, ces Vertus sont placées autour de certains tombeaux comme une « flatterie », « ou comme une ironie sanglante ». Celles du tombeau d'Innocent VIII paraissent être « six épigrammes ». (V. p. 344, en haut). En France, on n'imita pas les Italiens sur ce point.

beau de Nantes. Michel Colombe les y plaça sur le conseil de Jean Perréal, tout pénétré des choses de l'Italie. Les Vertus de nos tombeaux présentent, il est vrai, un curieux mélange des traditions françaises et des traditions italiennes. Au tombeau de Louis XII, exécuté par les Juste qui étaient des Florentins, les vertus sont presque complètement italiennes.

Mais, à cette époque, l'Enseignement moral est surtout donné par la peinture des Vices, tous symbolisés par un animal différent sur lequel chaque vice est monté. Le lion est le symbole de l'orgueil; son cavalier est un roi qui porte un aigle. Un moine qui tient un épervier et est monté sur un chien représente l'envie. La Paresse est montée sur un âne; elle tient un hibou et a les traits d'un vilain. L'Avarice est symbolisée par un marchand monté sur une taupe, la gourmandise par un jeune homme monté sur un loup, la luxure par une chèvre montée sur une dame. Ce symbolisme dont tous les détails sont connus est conforme aux traditions de l'École. Innombrables sont les scènes peintes ou sculptées où l'on voit cette représentation des sept péchés capitaux.

Une foule de fresques des églises de campagne en conservent le souvenir. Les Italiens aimèrent assez souvent incarner le vice dans la personne de quelque homme célèbre placé sous les pieds de la vertu correspondante. Néron représente l'injustice, Holopherne la faiblesse, Épicure la luxure, Sardanapale l'impudence, Hérode la cruauté, Judas le désespoir, Arius l'idolatrie. La France adopta aussi cette mode. Souvent encore, les Vices sont représentés, luttant avec les Vertus. La plus belle peinture de ce combat que l'on connaisse se voit sur les tapisseries flamandes du Musée de Madrid. On croit que celles-ci ont été faites sous la direction du fameux Jean le Maire des Belges que Marguerite d'Autriche appréciait beaucoup. Il est très probablement « *l'Author* » auquel font allusion les célèbres tapisseries.

Mais ce qui émeut le plus l'homme du XVe siècle, c'est la mort. Le XIIIe siècle l'avait presque fait aimer; le Moyen Age finissant s'efforce d'en donner la terreur, mais la terreur qu'il en inspire est une terreur salutaire. Par la façon de la représenter, il fait de son image un véritable enseignement. On se met à la peindre sous les traits d'un cadavre desséché enveloppé d'un linceul blanc. Au XVIe siècle, on exagère encore ce culte de la mort. Partout, on voit son image, sur les maisons, sur les cheminées, comme dans les livres d'Heures et sur les tombes. Non contente de se montrer, elle parle à l'homme. Elle lui prêche le sérieux de la vie par les inscriptions des cheminées. Sur le pot de terre « qui contient le cidre ou le vin », on lit : « Pense à la mort, pauvre sot ». Les humbles de ce temps n'avaient pas la gaieté des héros de Pantagruel. Il est vrai qu'on faisait tout pour les émouvoir et les terrifier.

Le célèbre *Dit des trois morts et des trois vifs*, entré dans la littérature au XIIIe siècle, pénétra dans l'art aux environs de 1400. Tout le monde connaît ce dialogue animé entre trois gentilshommes (1 duc, 1 comte, 1 fils de roi) et les cadavres ressuscités « d'un pape, d'un cardinal et d'un notaire du pape ».

A l'origine, les gentilshommes sont à pied, mais, à partir de 1450 environ, ils sont presque *toujours à cheval* et la rencontre a lieu en présence d'un ermite assis devant sa demeure rustique. Les livres d'Heures et les fresques des églises de campagne sont remplis de cette représentation.

Ici la mort se montre indulgente. Elle fait trembler l'homme, mais au fond elle lui donne un avertissement salutaire.

Dans les scènes de la *Danse macabre,* elle se montre impitoyable; elle saisit l'homme, malgré lui, brutalement, et l'entraîne avec une atroce gaieté. Tout le monde connaît les restes de la Danse macabre du charnier de l'âtre St-Maclou, à Rouen. Autrement impressionnante devait être celle du *Cimetière des Innocents à Paris,* de 1424, d'où dérivent presque toutes les Danses macabres de l'Europe, y compris celles de l'Allemagne qui a cru en être le berceau. Dans ce temps, il y avait une égalité parfaite dans les cimetières entre les pauvres et les riches. A l'époque fixée, les tombes des riches étaient vendues et leurs ornements allaient rejoindre dans le charnier ceux des pauvres. On conçoit ce que les Danses peintes sur ces charniers pouvaient avoir d'émouvant. On croit que le prototype de toutes les danses « macabrés » ou des Machabées (1) est une miniature française du XIVe siècle différant par quelques détails de la Danse des Innocents qu'elle inspira cependant, directement ou indirectement. On retrouve ces détails dans des œuvres très postérieures.

Quant à l'origine de cette scène singulière, il semble qu'on doive la chercher dans les sermons mimés des Moines mendiants. Ceux-ci faisaient représenter la Passion à leurs sermons. Ils firent aussi peindre la Mort saisissant tour à tour le Pape, l'Empereur, l'Archevêque, le Roi, le Bourgeois, etc.

En 1485, Guyot Marchant publia la première édition de sa *Danse macabre.* Une magnifique série de gravures sur bois nous montre la Mort sautillant aux sons d'instruments invisibles et attirant le Pape et l'Empereur, le cardinal et le roi, le chanoine et le marchand, le char treux et le sergent, le curé et le laboureur. Comme on le voit, un clerc alterne toujours avec un laïque, et, de plus, laïques et clercs sont groupés suivant les règles du protocole le plus scrupuleux. La mort qui se rit de tout respecte encore la hiérarchie. Mais, si elle a quelque considération pour le principe d'autorité, elle n'a pas de respect pour ceux qui détiennent le pouvoir ou la richesse. Elle raille l'abbé sur son embonpoint, plaisante le bailli sur la justice qu'il a rendue, le bourgeois sur le bien être qu'il va quitter; elle se rit des résistances du sergent et de son appel à la puissance royale. Sous couleur de sermon, elle fait la satire de la société du temps. Cette satire, il est vrai, se lisait déjà au charnier des Innocents dont Marchand reproduit les inscriptions. Le seul dont elle respecte la douleur est le laboureur qu'elle vient délivrer. Encore, ne le persuade-t-elle pas. Beaucoup de Danses macabres ont disparu. Les deux plus célèbres, parmi celles qui subsistent, sont à coup sûr la naïve danse de Kermaria (Bretagne) et surtout celle de la Chaise-Dieu, encore que celle-ci soit seulement une ébauche pleine d'originalité et de verve. Les personnages que l'on a pris pour des femmes sont, sans doute, des moines ou des prêtres avec leurs surplis ou leurs robes. A l'idée de la Danse macabre se rat-

(1) V. p. 390 (n. 1).

tache le singulier poème de la *Mors de la Pomme*, écrit aux environs de 1470. Au début, après la faute d'Adam et d'Ève, Dieu remet à la mort trois flèches pour frapper les hommes, avec un parchemin muni de son sceau lui donnant le droit d'agir à sa guise. Cette œuvre inspira les miniatures des Heures de *Simon Vostre*, de 1512.

Contre cet ennemi qui frappe tout le monde et peut frapper à toute heure, il est bon de prendre des précautions. Il faut apprendre à bien mourir. C'est le meilleur moyen de bien vivre. Un prêtre s'inspirant de Gerson écrivit donc un *Ars moriendi* dont on fit de multiples reproductions xylographiques et typographiques dans toute l'Europe. Partout il fut traduit. Les gravures de ce curieux ouvrage nous montrent le mourant assiégé par les démons qui lui rappellent ses péchés, lui font voir son héritage dilapidé, lui soufflent la haine de sa famille et de ses héritiers, lui donnent une suprême pensée d'orgueil, mais la dernière gravure nous le montre volant au ciel malgré les démons contre lesquels les anges sont venus le défendre à chaque tentation.

En attendant le jugement dernier, le corps de l'homme est déposé dans le tombeau. Le XVe siècle qui a tant médité sur la mort et les fins dernières de l'homme, a eu la passion et le culte des monuments funéraires. Les tombes qu'il a élevées sont peut être ce qu'il a produit de plus remarquable. Il s'en faut pourtant que nous puissions les contempler toutes. En dépit des guerres de religion, la France du XVe siècle était remplie des chefs-d'œuvre des tombiers : tombes plates, statues funèbres, tombeaux en cuivre émaillé, orgueil des artistes de Limoges. Heureusement pour nous, le célèbre Roger de Gaignières en fit dessiner un grand nombre. Ces reproductions ne remplissent pas moins de 30 volumes conservés à Oxford et à Paris.

A Notre-Dame de Paris, on marchait littéralement sur les tombes. La cathédrale de Langres avec ses dépendances en renfermait près de 2.000. Mais c'était les abbayes qui possédaient les plus riches monuments funéraires, car c'était là que se faisaient enterrer les rois et les grands seigneurs. Saint Denis, Royaumont, Maubuisson, l'abbaye du Lys, St-Yved de Braisne se partageaient les dépouilles funèbres de la famille royale. Citeaux était réservé aux premiers ducs de Bourgogne; Le Bouchet aux comtes d'Auvergne; le Montet aux Moines, Bellaigue, l'église des Jacobins de Paris, Souvigny eurent successivement l'honneur de donner asile aux défunts de la famille de Bourbon. Les monuments funèbres étaient d'autant plus nombreux qu'une foule de princes léguèrent leurs cœurs et leurs entrailles à des églises différentes. Richard Cœur de Lion eut ainsi deux tombes, une à Fontevrault, et une à Rouen. Charles V en eut trois : Saint Denis reçut son corps, Maubuisson ses entrailles, Rouen son cœur. Malheureusemennt, une foule de chefs-d'œuvre disparurent dans la tourmente révolutionnaire; avec les cercueils de plomb, on fit des balles. Les tombes devinrent des carrières de salpêtre. Le cuivre et le bronze furent fondus. De la statue de Blanche de Castille, on fit un canon. « On eut dit que les morts se levaient de leur tombeau pour combattre avec les vivants. »

Il ne semble pas que que l'on ait placé une statue couchée sur un tombeau avant la fin du XIIe siècle. Les statues tombales de nos premiers rois conservées à St-Denis furent faites sur l'ordre de St-Louis. Les statues de Fontevrault, pareillement, sont du XIIIe siècle.

Toutes ces œuvres respirent la noblesse qui caractérise l'âme du XIIIe siècle. Avec leurs yeux ouverts, les personnages sculptés sur les tombeaux ont l'air d'être encore vivants. Les morts les plus âgés paraissent jeunes; ils ont tout au plus « 33 ans, l'âge qu'avait Jésus-Christ, quand il ressuscita, l'âge qu'auront tous les hommes quand ils ressusciteront comme lui »; enfin, leurs visages rayonnent de cette divine beauté qui leur donne à tous un air de ressemblance. Au-dessus de leur tête, on voit une arcade symbolique qui fait songer au paradis. « Le christianisme ne croit qu'à la vie et, devant les tombeaux, il nie audacieusement la mort. » Les clercs foulent aux pieds un dragon. Les prêtres portent parfois un calice; enfin, sur les tombes plates, les professeurs sont représentés assis enseignant dans leurs chaires. Ajoutons enfin qu'à l'origine presque toutes les tombes furent tournées vers l'Orient. Les tombes italiennes sont exécutées avec un art plus savant, mais elles n'ont pas le caractère religieux des nôtres. Celles des Anglais en diffèrent beaucoup aussi; sur leurs tombes, les barons anglais paraissent encore combattre. En Allemagne, la statue disparaît littéralement sous les casques, les armes, les écussons, orgueil de la féodalité.

Dans les monuments les plus riches, l'image du mort est accompagnée de figures secondaires. « Celles-ci respirent une foi profonde et un profond sentiment de la famille. » On avait une foi très grande dans l'efficacité des prières récitées le jour des obsèques. Aussi, aimait-on à en rappeler le souvenir. Souvent, on représente aux côtés du mort deux moines qui lisent leur bréviaire; ou bien encore, le cortège funèbre composé des prêtres et des clercs. Parfois même, certaines prières furent sculptées sur la tombe. Souvent aussi, on a placé aux 4 coins de celles-ci les emblèmes des 4 évangélistes, ou bien encore on a représenté les Apôtres dont le souvenir évoque celui du célèbre Symbole. Parfois, on a placé au-dessus de la tête du mort l'image du Christ arrivant sur les nues avec la Vierge et saint Jean pour le jugement. Mais, au XVe siècle, on préfère surmonter la statue d'une « Pitié » représentant la Vierge qui tient son fils sur les genoux. La Vierge et les Saints sont de plus en plus sculptés sur les tombes au fur et à mesure qu'on approche du XVIe siècle. Ces monuments qui respirent une foi si vive témoignent aussi d'un très profond et très humain sentiment de la famille.

Souvent, le mort est représenté avec sa femme encore vivante. Parfois, il arriva que, celle-ci étant morte longtemps après sans héritier, aucune date ne fut gravée sous son image. Il est même des tombes où l'on voit le défunt entouré de toute sa famille. Ainsi, à Creney (Aube), Jean de Creney fut représenté avec sa femme, ses 11 garçons et ses 6 filles. Les hommes d'église eux-mêmes firent sculpter les statues de leurs neveux, de leurs nièces et de leurs cousins pour les faire figurer sur leurs tombeaux. Ainsi Clément VI qui appartenait aux familles des de Beaufort et des Turenne. Il ne faut pas oublier en effet qu'au Moyen Age, l'homme songe sans cesse à ses morts. En Normandie, on « fieffait » dans l'église des places pour les morts et on s'agenouillait sur leurs tombes au jour des offices. En Navarre, cet usage subsiste encore.

C'est dans le tombeau du duc de Bourgogne Philippe le Hardi que l'union de ces deux sentiments : esprit de foi et amour de la famille produisit ses effets les plus sublimes. Tout le monde connait cet admirable chef-d'œuvre, mais,pendant longtemps, celui-ci resta incompris. On s'imaginait que les personnages encapuchonnés que l'on aperçoit représentent des moines. Il n'en est rien. Il est prouvé qu'il s'agit des parents, des familiers et de la suite des seigneurs qui escortèrent le corps du duc, de Bruxelles à Dijon. Leurs manteaux et leurs capuchons, d'ailleurs, ne ressemblent pas à ceux des moines. Les pleurants de ce tombeau célèbre d'où dérivent tant de merveilles furent imités partout. Les rois de France ont poussé l'affection à l'égard de leurs meilleurs serviteurs jusqu'à les faire enterrer auprès d'eux, à Saint-Denis.

Les moines eurent la délicatesse d'enterrer dans leurs églises les architectes qui les avaient construites.

Jusqu'au XVIe siècle, on rencontre des tombes qui s'inspirent des sentiments mentionnés plus haut. Mais, dès la fin du XIIIe siècle, se développe un autre art qui ne vise pas à la noblesse, mais au réalisme. Ses progrès furent facilités par l'habitude qu'on avait prise de mouler le visage des morts. La statue d'Isabelle d'Aragon, morte en 1271, et dont on a retrouvé la tombe à Cosenza (Calabre), est un exemple frappant de ce que cette nouvelle coutume permit de faire. A voir l'expression de douleur peinte sur cette physionomie, on croirait que l'artiste a photographié la reine après la chute de cheval qui causa sa mort. Au XIVe siècle, le visage des rois de France fut couramment moulé; de là, ces traits de ressemblance qui frappent le visiteur des tombes de St-Denis. Mais là, l'artiste a retouché et interprété le masque, plutôt qu'il ne l'a reproduit. Il est donc inutile d'expliquer ce réalisme par l'influence des Flamands. Parfois même, les princes firent faire de leur vivant leurs statues funéraires. Il ne faut donc pas s'étonner de rencontrer tant de portraits sur les tombes. Les tombes plates échappent à ces nouvelles tendances : fabriquées en général à Paris et exportées au loin, en Normandie, en Champagne, en Bourgogne, elles étaient l'œuvre d'artistes qui ne connaissaient pas le défunt. Aussi, présentent-elles les caractères de noblesse énumérés plus haut. Les tombes plates que l'on fit dans le Centre et dans le Midi, sont, il faut le dire, très inférieures à celles de Paris. C'est seulement dans les « statues tombales » qu'on remarque les tendances nouvelles d'un art réaliste. Les artistes, de plus en plus, perdent le sens du symbolisme. Au lieu de mettre sous les pieds des clercs un dragon; sous ceux des chevaliers, un lion ou un chien de chasse; et sous ceux des dames un petit chien, emblème de la fidélité, ils placent ces animaux indifféremment sous les pieds des uns et des autres. On conçoit que de pareils artistes n'aient plus compris la leçon d'immortalité qui se dégageait de ces belles statues aux yeux ouverts de l'âge précédent. Ces morts vivants les choquaient. Aussi, prirent-ils le parti de sculpter, les uns, de véritables vivants et les autres de véritables morts. On eut ainsi deux types de statues : les unes représentaient le défunt agenouillé, dans un costume d'apparat; les autres le représentèrent nu, avec l'aspect terrifiant et horrible d'un cadavre. Les premières apparurent d'ailleurs cent ans plus tôt que les secondes avec lesquelles elles coexistèrent. On ne connaît pas de statue agenouillée plus ancienne que celle d'Isabelle d'Aragon, à Cosenza. Au XIVe siècle et au XVe siècle, on en fit un très grand nombre. C'est seulement au XVe siècle qu'on se mit à sculpter de véritables cadavres.

Au XVIe siècle, on eut l'idée de réunir dans un même monument les deux types de statues. Le tombeau de Louis XII, à Saint-Denis, attribué aux Juste, et construit en 1517, présente cette innovation.

Il est difficile de voir quelque chose de plus saisissant que cet Arc de triomphe portant la statue du roi représenté dans toute sa gloire et surmontant l'image d'un squelette qu'entourent les symboles de la victoire. Rien n'est plus fait pour nous montrer le néant de la gloire et la grandeur de la prière. Les Juste sont Italiens, mais leur œuvre est bien française par les traditions auxquelles elle se rattache. De ce tombeau dérivent celui de François Ier, dû à Philibert Delorme, et celui d'Henri II, dû à Germain Pilon et au Primatice. Les artistes ont pû être « mis sur la voie » par la vue de ce qui se passait à la mort du roi. Après avoir moulé le visage, les pieds et la tête, on faisait un mannequin devant lequel on apportait à manger jusqu'au jour des obsèques. Ce jour-là, le mannequin était porté à l'église avec le corps et déposé à l'étage supérieur du catafalque dont l'étage inférieur était réservé au cadavre. Brisez le cercueil, redressez le mannequin, et l'idée du tombeau de Louis XII peut naître. Quant au tombeau purement païen, il apparaît aussi au XVIe siècle; mais ce n'est pas à ce type qu'appartiennent les grandes œuvres funéraires de cette époque.

La mort est suivie du jugement particulier. Toutefois, cette épreuve n'est pas la seule que l'homme ait à redouter. Il faut que le corps ressuscite pour être puni, car l'âme n'est pas seule à avoir péché. La sentence de Dieu doit, en second lieu, être publique, afin que l'hypocrisie soit confondue et l'innocence reconnue. Enfin, les actions de l'homme ont des conséquences très lointaines. De là, la nécessité d'un second jugement, celui là général qui accompagnera la fin du monde. On conçoit, dès lors, l'intérêt qu'a l'homme à être renseigné sur le moment où Dieu détruira l'univers.

Jamais l'homme ne fut plus troublé par cet angoissant problème. Selon les croyances de ce temps, « trois grands phénomènes du monde moral et quinze signes cosmiques » doivent lui faire pressentir la fin dernière. A ce moment suprême, la charité et l'amour auront presque disparu; l'égoïsme régnera et régnera au point de supprimer l'amour de la famille et celui de la patrie. Dans tout homme, l'homme verra un ennemi.

Mais ce n'est pas tout. D'étranges bouleversements se produiront : la mer montera au dessus des montagnes pour redescendre dans l'intérieur de la terre; la mer sera desséchée par le feu et les montagnes seront nivelées; les étoiles tomberont sur la terre où toute vie disparaîtra. Enfin, les morts se lèveront pour le jugement. On croyait d'autant plus à ces prophéties que, depuis Bède, on les attribuait à Saint Jérôme, à tort, d'ailleurs, semble-t-il. Les gravures de l'*Art de bien vivre et de bien mourir* popularisèrent en France ces croyances que propageaient en Allemagne celles de l' « *Entkrist* ».

Mais elles ne firent pas oublier l'*Apocalypse* dont le récit est autrement impressionnant. On s'est demandé pourquoi elle inquiéta tant les hommes d'alors et on pense avoir trouvé la raison de ce phénomène dans la haine qui « couvait » alors contre Rome.

Monsieur Mâle l'explique plus simplement par les géniales illustrations qu'en fit Durer, en 1498, et par la vogue inouïe qu'elles eurent. Toutes les Apocalypses du XVIe siècle dérivent directement ou indirectement de l'œuvre admirable et étonnante de Durer, à commencer par celle de la célèbre Bible de Wittemberg. Son succès ne peut se comparer qu'à celui du Dante. Il suffit de parcourir les 14 gravures de Dürer pour se convaincre de l'impression profonde qu'elles purent alors produire. « Jamais », dit M. Mâle, « rêve n'eut des formes plus denses; jamais cauchemar ne pesa d'un poids plus lourd. Les anges semblent vêtus de robes de cuivre; d'énormes fumées se solidifient dans le ciel; des jets de fonte montent des villes; on dirait une fournaise où l'univers s'est liquéfié, puis refroidi. C'est un monde de métal sonore où retentit le sabot des chevaux et le choc des épées». Dürer fut imité en Allemagne par Burgkmair, Scheifelin et Holbein. Celui-ci fut très inférieur à son modèle, car son génie est trop différent de celui de Dürer. L'œuvre de Dürer fut popularisée en France par les Heures d'Hardouyn, la Bible française de Martin l'Empereur, imprimée à Anvers, et surtout par la Bible de Sébastien Gryphe publiée en 1541, à Lyon. Mais le plus beau chef-d'œuvre qu'elle inspira fut l'admirable série des verrières de Vincennes. Celles-ci, aujourd'hui encore, malgré des restaurations, des mutilations et des déplacements sans nombre, excitent au plus haut point l'admiration. Mais l'auteur de ces verrières a fait preuve d'originalité; son génie participe à la fois de celui de Dürer et de celui de Michel-Ange. Tout prend sous sa main « une ampleur héroïque ». On ne sait si Jean Cousin, l'auteur présumé de ces verrières, les a réellement exécutées, mais on sait que celui-ci a été l'élève du Petit Bernard qui, comme l'auteur de cette œuvre, soumet tout à la loi italienne du nombre et de la mesure et qui exécuta vers 1553 des gravures du même genre que le maître de Vincennes. Ainsi, tout s'expliquerait. Toutefois, l'œuvre la plus belle qu'aient inspirée en France les gravures de Dürer est peut-être un bas-relief du tombeau de Jean de Langeac, conservé à la cathédrale de Limoges. On voit les quatre cavaliers de l'Apocalypse qui tiennent l'épée, l'arc, la balance et le trident.

En ce qui concerne le *Jugement dernier*, il y a peu d'innovations à signaler, à peine quelques détails inspirés des Mystères. Au théâtre, on faisait asseoir dans de beaux fauteuils la Vierge et St-Jean, car il eut été inhumain de les contraindre à se tenir agenouillés pendant de longues heures. On fait de même dans les fresques ou les groupes sculptés du XVe siècle.

Au théâtre, les morts sortaient de dessous terre par des trous rectangulaires pratiqués dans le plancher. Nos maîtres d'œuvre, au lieu de nous montrer comme leurs prédécesseurs les morts soulevant les couvercles de pierre de leurs cercueils, les font surgir d'une fosse. L'imitation est évidente. Comme au théâtre aussi, ils représentent Justice et

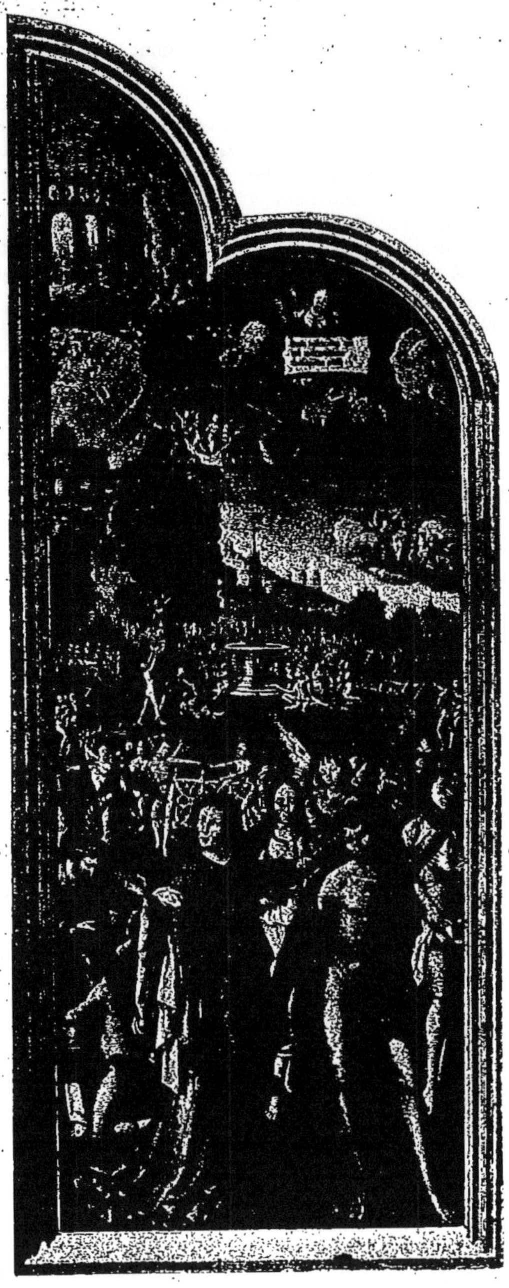

Fig. 6. — Récompense des élus. — Volet du jugement dernier de Jean Bellegambe. — Musée de Berlin.

(Nº 247 de M. Mâle.)

Miséricorde sous les traits de deux femmes dont l'une excite le Christ et l'autre implore sa pitié. A l'exemple aussi des dramaturges, ils font comparaître la Mort qu'on précipite dans l'Enfer.

Par contre, il y a une foule de nouveautés à signaler dans les scènes qui représentent la punition des méchants et la récompense des bons. Au XIIIe siècle, l'enfer était juste symbolisé par une chaudière qu'on voyait bouillir dans la gueule de Léviathan. A l'époque qui nous occupe, au contraire, on représente les supplices de l'Enfer avec des détails d'un raffinement inouï. Les fresques de la cathédrale d'Albi sont là pour en témoigner. Mais les Italiens qui ont représenté ces scènes atroces n'ont pas imaginé tant de cruauté. Depuis les premiers siècles du Christianisme, une tradition se transmettait dans les livres à cet égard. Tous les récits qu'on faisait des peines de l'enfer se rattachent plus ou moins par l'intermédiaire de la célèbre *Vision de Saint Paul* à *l'Apocalypse de Pierre* écrite au IIe siècle par un écrivain grec qui avait l'imagination toute pleine des supplices de l'Enfer paien. L'Irlande qui fut toujours, par excellence, le pays du rêve imagina une foule de récits, elle aussi, dont plusieurs ont pour base d'ailleurs la Vision de saint Paul.

Le voyage de saint Brendan qui passa en bateau tout près de l'île où se trouve l'enfer, celui d'Owen qui le visita en courant et celui de Tungdal qui l'explora à fond et méthodiquement, séduisirent tellement la France du Moyen Age qu'ils lui laissèrent presque ignorer l'Enfer du Dante. Celui-ci, d'ailleurs, n'est pas plus horrible que le leur. La seule supériorité de Dante sur eux fut d'avoir su « enfermer la pitié, l'amour et la haine dans la forme parfaite du cercle ». Une des premières peintures de l'Enfer que l'on ait et aussi une des plus belles se voit dans le manuscrit des *Très riches Heures du duc de Berri*. L'Enfer fut représenté sur les murs d'une foule d'églises de campagne; malheureusement, ces fresques, si nombreuses encore dans l'Ouest de la France, disparaissent petit à petit. Mais, peu à peu, les supplices furent représentés avec science et méthode : au traité de l'Art de bien vivre et de bien mourir, Vérard joignit un traité des peines de l'enfer où tous les vices sont énumérés avec tous les supplices qui leur correspondent. Les artistes d'Albi profitèrent de la science de cet auteur. Aux orgueilleux est réservé le supplice de la roue. Les envieux sont plongés dans une eau glacée, les irascibles sont découpés en morceaux; les paresseux plongés dans une cave obscure sont mordus par des serpents; les avares sont plongés dans du métal en fusion; les gloutons mangent des bêtes répugnantes. Toutefois, nous devons ajouter que les artistes d'Albi prirent l'idée de ces scènes dans le *Calendrier des Bergers* de Guyot Marchant qui avait copié Vérard. Leur œuvre est des environs de 1500.

C'est donc, en somme, à la fin du moyen âge que l'Enfer tint le plus de place dans l'esprit des hommes. Le ciel les préoccupa lui aussi. Il suffit pour s'en convaincre de jeter les yeux sur le Paradis des Heures d'Étienne Chevalier. Nous voyons au fond le Père, le Fils et la Vierge, « vêtus de blanc », assis sur des trônes; le reste de la scène est réservé aux bienheureux.

Aux voussures des portails, on multiplia les anges musiciens; leurs flûtes, leurs violes et leurs harpes nous font, malgré nous, songer aux concerts célestes. Mais rien n'égale le triptyque de Jean Bellegambe, le célèbre artiste de Douai. Au milieu d'une charmante prairie, on voit des groupes d'élus et d'anges. (1) Les Anges remettent aux élus des vêtements princiers, des fruits savoureux, ou bien encore ils leur servent un délicieux breuvage. Ainsi sont récompensés ceux qui ont pris pitié des pauvres transis de froid ou mourants de faim ou de soif. Au fond, on aperçoit de splendides palais, mais ce qu'on admire le plus, ce sont les personnages; leurs corps sont admirables de proportion et de grâce; leur visage rayonnant de beauté et de bonté est baigné d'une douce lumière qui fait songer au Paradis.

De tout ce qui précède, il résulte que l'art du moyen âge, loin de s'affaiblir au début du XVIe siècle, n'a jamais été aussi riche d'inspiration. D'où vient que peu après il languisse pour disparaître, « sans laisser de traces ».

D'après une opinion très répandue, cet art aurait été tué par celui de la Renaissance italienne. Le croire serait commettre une grave erreur.

Sans doute, l'esprit d'humilité chrétienne qui anime les artistes du Moyen Age est en oppostion complète avec cet esprit d'orgueil qui est le principe même de la Renaissance. Celle-ci ne se laisse pas, comme le Moyen Age, détourner de la représentation du nu par la déchéance originelle. Elle aime à montrer le corps humain, « sans voile ». Elle divinise l'homme qu'elle veut étranger aux sentiments de douleur et de résignation, car elle suppose que ces sentiments sont des signes de faiblesse. C'est sous François Ier que l'influence de la Renaissance italienne commença à se faire sentir avec force dans notre art religieux, mais celui-ci ne modifia en rien « les vieilles dispositions iconographiques ». Il se borna à s'adapter aux principes nouveaux. Nos artistes empruntèrent aux Italiens leurs cadres et leurs motifs d'architecture; leurs personnages ressemblèrent aux héros de Raphael. On prit le goût de la symétrie et des équilibres savants, mais les scènes mêmes ne changèrent pas. Les plus petits détails, même les plus naïfs, qu'avaient imaginés le Moyen Age furent conservés (2).

Dans la représentation de la Nativité, saint Joseph continue à tenir une chandelle à la main. Dans celle de la mort de la Vierge, les apôtres font les mêmes gestes qu'auparavant.

C'est la Réforme qui a tué la tradition du Moyen Age, et elle l'a tuée indirectement en obligeant l'église catholique à condamner une

(1) Voir fig. 6 (n° 247 de M. Mâle), Récompense des élus. Volet du Jugement dernier de Jean Bellegambe. Musée de Berlin.

(2) Il faut dire que le Moyen Age ignora l'Antiquité plus qu'il ne la détesta. Sauf, en matière d'architecture où il innova, tout en partant de l'art antique (auquel il revint lorsqu'il n'eut plus rien à trouver), il essaya surtout de copier l'antiquité. Mais il la connaissait mal. On sait l'immense influence qu'eut la découverte de l'imprimerie sur les progrès de la Renaissance. On a peine à s'imaginer combien la diffusion de la science était difficile au temps du livre manuscrit. Nous ne parlons pas ici des arts dits secondaires ni de la littérature en langue vulgaire.

foule de légendes et de représentations qui choquaient les protestants, mais inspiraient les artistes.

Les mystères où abondaient les naïvetés et même les grossièretés dûrent disparaître peu à peu, de 1540 à 1570 environ. Les Corps municipaux les interdirent. On connait l'arrêt du Parlement de Paris, du 17 novembre 1548, qui défendit les « mystères de la Passion, Nostre Sauveur », et « autres mysteres sacrés ».

En 1546, à Bordeaux, on prohiba les pièces « concernant la foi chrétienne, la vénération des saints et les saintes institutions de l'église ». Or, on sait tout ce que l'art du XVe siècle devait au théâtre pour les attitudes et le costume des personnages, ainsi que pour le décor des scènes. Sans doute, les vieilles traditions se conservèrent quelque temps encore dans l'atelier des vieux maîtres, mais, ceux-ci morts, l'oubli se fit peu à peu et l'artiste se trouva comme désorienté.

D'ailleurs, l'église avait déjà porté des coups plus précis au vieil art du moyen age. Le Concile de Trente, en 1563, défendit de placer dans les églises toute image peinte ou sculptée qui pût offenser la morale ou porter atteinte au dogme. L'Église avait toujours surveillé les artistes; il est prouvé que ceux-ci travaillaient sous la direction des clercs qui leur donnaient des ordres, même pour l'arrangement des plus humbles scènes. Mais, dans ces siècles de foi, les gens d'église aimaient à montrer à l'égard de l'art une largeur d'esprit dont ils n'avaient pas à souffrir, loin de là. La nécessité de tenir compte des attaques dirigées par les Protestants contre l'art religieux vint changer toutes ces habitudes. Le décret du concile de Trente, une fois porté, les hommes d'église composèrent des ouvrages destinés à indiquer aux artistes les représentations défendues. Il est dommage que le travail commencé par le cardinal Paleotti n'ait pas été achevé. Nous possédons seulement le début de son *Discorso intorno alle imagini sacre e profane* où il défend contre les protestants la légitimité de l'art religieux. Ce que nous en connaissons nous permet d'espérer qu'il aurait laissé aux artistes plus de liberté que ne le fit Jean Molanus, le célèbre docteur de Louvain. Celui-ci, indifférent au symbolisme et aux traditions du moyen âge, condamne une foule de scènes chères aux artistes des siècles précédents. Il relègue dans le domaine des contes les récits merveilleux que l'on faisait du voyage de saint Thomas aux Indes. Il n'admet pas tout ce que l'on racontait sur la famille et l'enfance de la Vierge. Il s'attaque à la scène magnifique de la mort de la Vierge où les vieux maîtres avaient mis « toute leur foi et tout leur cœur ».

C'est une erreur de croire que saint Christophe ait jamais porté l'Enfant Jésus ou de se représenter saint Georges sous les traits d'un « chevalier errant qui tuait les monstres et délivrait les princesses ». Saint Nicolas n'a pas accompli le miracle célèbre des trois enfants dans le saloir qu'on lui attribue. Telle est la doctrine de Molanus. Mais il ne s'en prend pas seulement au christianisme du peuple qui sortait de l'imagination. Il attaque aussi ce christianisme passionné des mystiques qui « venait du cœur ». Il s'indigne contre les artistes qui représentent la Vierge s'évanouissant au pied de la Croix. Les Pères ont enseigné qu'elle se tint debout sans faiblir à ce moment suprême, et les Jésuites le rappelaient aussi alors. C'était pour ainsi dire condamner les Vierges de Pitié, si nombreuses de la fin du Moyen Age.

Molanus s'attaque encore au goût des artistes pour le pittoresque du décor et la richesse du costume. Désormais, plus de robes ou de corsages aux couleurs éclatantes et ornés de pierreries.

L'enseignement de Molanus fut d'autant plus écouté qu'ici le célèbre docteur se trouvait d'accord avec la Renaissance qui avait mis à la mode la draperie vague, jugée plus noble. On croirait entendre St-Bernard en parcourant les passages où il recommande la simplicité.

Sous tant d'adversaires réunis, l'art du Moyen Age ne pouvait moins faire que de succomber. La Renaissance avait altéré et transformé l'architecture religieuse. L'Église lui ayant enlevé, d'autre part, une grande partie de son iconographie, il n'avait plus de raison d'être. « A la mort de François 1er, » dit M. Mâle, « malgré la Renaissance et malgré la Réforme, l'iconographie du moyen âge est toujours vivante. Quand finit-il donc ce moyen âge qui semble immortel ?

Le Moyen âge finit le jour où l'Église elle-même le condamna »

Nous avons vu par ce qui précède dans quel sens ces paroles de l'éminent érudit sont vraies. Mais reconnaissons aussi que, si l'Église le condamna, elle y fut pour ainsi dire forcée.

Ce fait eut des conséquences immenses. Désormais, l'artiste dut interpréter l'Évangile comme il le sentait. Cela alla bien pour les artistes de génie. Mais les modestes artisans privés de tradition ne charmèrent plus le peuple. Il y eut encore « des artistes chrétiens, mais il n'y eut plus d'art chrétien ».

A lire cet ouvrage d'une lecture facile et attachante, on pourrait croire que la rédaction en a été aisée. Ce serait une grave erreur. Comme le fait remarquer le savant auteur, l'art du XIIIe siècle peut s'étudier dans une dizaine de grandes cathédrales; les œuvres du XVe siècle, au contraire, sont dispersées dans une foule d'églises, de Musées et de Bibliothèques. Et on n'a pas pour les commenter les travaux des Didron et des Cahier. Dix ans de patientes recherches, de recherches quotidiennes, lui ont permis de connaître la plupart d'entre elles.

Si M. Mâle s'était borné à nous les décrire et à nous montrer leur filiation, il aurait fait déjà une œuvre très difficile et très méritoire.

Mais ce n'est pas surtout par la connaissance des œuvres que M Mâle nous étonne, c'est par la science avec laquelle il explique chacune d'elles, — remontant d'une verrière ou d'un tableau à la miniature ou à la gravure qu'elle reproduit, de la miniature ou de la gravure à la pièce de théâtre dont les scènes ont inspiré l'artiste, de la pièce de théâtre au sermon qui a touché le dramaturge, du sermon à l'ouvrage du mystique franciscain dont s'est nourri le prédicateur. Sculptures, tableaux, manuscrits, gravures, pièces de théâtre, sermons, ouvrages de théologie ou d'édification, l'auteur a tout vu, connaît tout. Des notes nombreuses nous permettent de contrôler toutes ces assertions et de prolonger par l'étude des œuvres la sensation d'art que l'on éprouve en lisant son livre. Son érudition profonde n'a d'égale que sa science de l'art de la composition et le charme de son style, ou pour mieux dire, ceux-ci ne sont que la manifestation de celle-là. Le talent servi par une demi-science ne produira jamais une œuvre aussi parfaite que la science véritable exposée avec simplicité et avec goût, car le cliquetis des mots n'arrive pas à dissimuler la pauvreté des idées.

L'érudition peut se rencontrer sans le talent, mais celui-ci seul ne produira jamais un chef d'œuvre du genre de l'ouvrage de M. Mâle. Son talent et sa science ne sont d'ailleurs égalés que par sa bonté. En expliquant les légendes, il les détruit, mais toujours il respecte ses lecteurs et les gens dont il décrit les croyances. Sa connaissance parfaite des hommes et des choses lui a montré que les croyances parfois les plus extraordinaires ont pu souvent se développer et naître sans supercherie, dans des milieux intelligents et raffinés.

Ce n'est pas le moindre mérite de ce livre digne en tous points de la plus haute récompense de l'Académie des inscriptions et qu'eussent pu récompenser presque toutes les autres Académies, tant il séduit par la réunion des qualités les plus diverses et, en apparence, les plus opposées (1).

NOTA

Il parait assez probable que le Sépulcre à personnages de Saint-Étienne de Limoges ressemblait à celui de Saint-Pierre-du-Queyroix (2). Cela donne à penser que ce dernier était aussi un Sépulcre à personnages. Mais le P. Bonaventure de Saint-Amable écrivait en 1684 (t. III de son *Histoire de Saint Martial*, p. 694) et il est très suspect. Il n'est donc pas prouvé que le Sépulcre de Saint-Pierre fût de 1421 et partant qu'il ait été le plus ancien sépulcre à personnages édifié en France. Notons toutefois, en passant, que Paule Audier, qui faisait déjà des fondations en 1381, devait avoir un certain âge en 1421. Mais a-t-elle fait tout ce qu'on dit ? Tout est là. En tout cas, *nous n'osons pas nous prononcer en l'absence de textes anciens.*

(1) A la fin, se trouve un *Index des Œuvres d'Art* citées dans l'ouvrage, p. 543-55, rangées suivant l'ordre alphabétique des villes où elles se trouvent. Cette liste peut rendre les plus grands services.

(2) C., p. 8.

Limoges. — Imprimerie Ducourtieux et Gout.

www.ingramcontent.com/pod-product-compliance
Ingram Content Group UK Ltd.
Pitfield, Milton Keynes, MK11 3LW, UK
UKHW020401250726
13967UKWH00005B/2402